红色记忆® 40

抗美援朝中的常胜将军

海南省文化交流促进会　编

南海出版公司

2014・海口

图书在版编目（CIP）数据

红色记忆·第1辑·40 / 海南省文化交流促进会编．
—海口：南海出版公司，2014.12（2025.1重印）
ISBN 978-7-5442-7516-3

Ⅰ．①红… Ⅱ．①海… Ⅲ．①革命传统教育—中国—青少年读物 Ⅳ．①D642-49

中国版本图书馆CIP数据核字（2014）第263183号

HONGSE JIYI · DI 1 JI · 40

红色记忆·第1辑·40

作　　者　海南省文化交流促进会
总 策 划　刘　栋
顾　　问　贾延岩
执行总编　任在齐　张　桐　张爱国
责任编辑　聂　敏
封面设计　郑广明
排版印务　吴　雪　魏灵玲
发行总监　杨成春
出版发行　南海出版公司　电话：（0898）66568508　66568511
社　　址　海南省海口市海秀中路51号星华大厦五楼　邮编：570206
电子信箱　nhpublishing@163.com
经　　销　新华书店
印　　刷　天津睿意佳彩印刷有限公司
开　　本　787毫米×1092毫米　1/16
印　　张　6
字　　数　100千字
版　　次　2014年12月第1版　2025年1月第2次印刷
书　　号　ISBN 978-7-5442-7516-3
定　　价　39.80元

序

对历史无知的人，没有真正的信仰可言；没有信仰的人，不可能拥有美好的理想，不可能胸怀崇高的情感，也就不可能担负起任何责任。用欲望文化代替历史教育，足以使一个国家的青年被腐蚀、使一个民族的希望被毁掉，使这个国家和民族被永世万代地奴役！

鉴于此，我们呼唤历史，唤回那段属于二十世纪的“红色”历史，唤回那段炮火硝烟、颠沛流离的历史，唤回那冲天的狼烟留下的悲壮回忆、岁月年轮沉淀的斑驳痕迹。历史不应该被忽略，更不应该被遗忘，牢记那段革命战争年代的红色历史更是责任。为了那些不应该被忘却的记忆，为了那些不应该被丢弃的信念，于是就有了这套《红色记忆》丛书。

曾记否，当草鞋与意志丈量出来的两万五千里穿越一个伟大民族五千年的荣辱兴衰，革命的火种被一路播撒、一路点燃。人迹罕至的雪山、荒无人烟的草地被鲜血浸透，衬映出一段光辉的里程；万水千山早已被远远地抛在身后，一轮红日在黄土高原磅礴而起。满目疮痍的河山在1936年10月温暖如春……

曾记否，当生命和鲜血浸染的十几年光阴将一种记忆铭刻进一个伟大民族的历史画卷，革命的火焰从星火到燎原。这栏杆拍遍、易水悲歌般的呼号，这折戟沉沙、慷慨赴义的悲壮，这铁马冰河、枕戈待旦的苦战，这红旗漫卷、所向披靡的豪迈……腔腔热血、铮铮铁骨早已被熔铸成一座不朽的丰碑，中华民族从苦难中百死后生的壮丽诗史凝结成了五星闪耀的红色记忆。

曾记否，中华人民共和国成立以来，又有无数英烈接过前辈用鲜血染红的旗帜，或壮怀激烈戍边卫国，或忠于职守鞠躬尽瘁，或绝甘分少奉献大爱，甘做国家强盛、人民富裕的铺路石，成为和平年代民族复兴的荣光，把人民心中的红色记忆浸染得分外鲜艳，永不褪色。

这红色记忆，是信念不衰、志向不改的崇高气节；这红色记忆，是无私无我、生属苍生的博大胸怀；这红色记忆，是敢为人先、披荆斩棘的拓荒精神；这红色记忆，是中华民族最宝贵的精神财富。它告诫我们，人事有代谢，传承无绝期。缅怀先烈精神，继承先烈遗志，是社会的道德和民族的良心，是后来者须臾不可忘怀的本分。

老一代人把历史的真实交付给我们，我们有责任用真实还原历史，传承给下一代，把那段岁月与现在年轻人的生活连接到一起，使他们眼中的历史变得立体、真实、可靠，让历史成为他们前进的动力。本丛书将那些流动的、随时会飘散在时间天际的事件凝固下来，希望透过这些文字、图片，感受到英雄们那坚定的革命信念，感受到那个年代澎湃的革命激情，真切体会那段“红色历史”。

忘记历史，就意味着背叛。让我们重温历史，缅怀先烈，从中汲取力量，毅然前行。

刘栋

目录

CONTENT

目录

CONTENT

红军时期的李先念

文／黄沂锦

李先念

1929年，受黄麻起义影响，大别山区相继爆发商（城）南起义和六（安）霍（山）起义，并分别建立了红十一军第三十一师、第三十二师、第三十三师，相继创建了鄂豫边、豫东南、皖西革命根据地。由于李先念在当地群众中有较高的威信，又熟悉当地的斗争情况，党组织决定调他去开展地方工作。

1929年底，李先念转到地方工作，任中共黄安县高桥区委书记、区苏维埃政府主席。他一到任，就立即深入群众之中，调查研究，迅速建立和恢复各级党的组织，建立乡、村苏维埃政权和农会组织，组织起游击武装，成立妇女会、儿童团等群众组织。在他的领导下，高桥区的土地革命斗争如火如荼，呈现出一派蓬勃发展的新气象。

1931年6月，鄂豫皖红军打通了黄陂长轩岭至甘堂铺一线的联系，使黄陂以南新老苏区连成一片。为了巩固这一地区，中共中央鄂豫皖分局决定正式建立（黄）陂（黄）安南县，由李先念任中共陂安南县委书记（后任县苏维埃政府主席）。时年二十二岁的李先念不畏困难，勇挑重担，大胆工作，很快打开了陂安南县的斗争局面。在陂安南县第一次工农兵代表大会上，他当选为县苏维埃政府主席。上任伊始，他迅速建立县苏维埃政府各领导机构。刘华清当时就在陂安南县军事指挥部工作，经常聆听李先念的讲话。李先念在抓紧全面工作的同时，重点抓军事指挥部的工作。这是全县武装力量的领导机构，在当时的斗争形势下，抓住武装工作是做好其他工作的关键。

1931年，九一八事变后，东三省沦陷，全国掀起抗日热潮。国民党却无视全国人民的正义要求，一面对日本军国主义实行“不抵抗主义”，一面纠集重兵于革命根据地周围，准备发动新的进攻。为做好反“围剿”的准备，鄂豫皖中央分局号召根据地人民坚决反对日本帝国主义的侵略，积极参加红军和支援红军作战，决心粉碎敌人新的“围剿”。10月17日，陂安南县召开扩大红军的大会，李先念在大会上做了动员，会后亲自率领三百多名青年参加了红军。在大家欢送李先念时，他握着郭述申的手，指着旁边的刘华清，说：“团县委书记这次随我参军了，就调刘华清接任团委书记吧。”当时年仅十五岁的刘华清一直没有忘记那次欢送的热烈场面，没有忘记李先念临行前的嘱托。李先念带头参军的举动，使陂安南县扩红工作受到中央分局和特区军委会的表彰，苏区《列宁报》还对此进行了宣传。李先念一到部队，就被任命为红四方面军第十一师三十三团政委。

1931年11月7日，中国工农红军第四方面军在湖北黄安（今红安）成立，下辖红四军和红二十五军。在方面军的指挥下，李先念率部先后参加了黄安、商（城）潢（川）、苏家埠、潢（川）光（山）四大战役，该团因完成战斗任务出色，被方面军总部授予“共产国际团”的光荣称号。李先念只读过三年私塾，文化不高，但是他在戎马倥偬的战争间隙，刻苦学习军事知识，把一切在军事上学有所长的同志作为求教的对象。红四方面军总指挥徐向前是黄埔军校第一期学生，他有丰富的军事知识和战争经验。在红四方面军时期，李先念一直在徐向前的领导下艰苦奋战。李先念对徐向前非常尊敬，视之为最可信的师长和榜样。在老同志的回忆文章中，有人这样写道：“凡是徐向前做出的决策，李先念坚决地去贯彻执行；凡是交给李先念的战斗任务，徐向前特别放心。”

1932年5月，蒋介石调集了三十万大军，发动了以鄂豫皖根据地为重点的第四次“围剿”。7月，李先念升任红四军第十一师政委，受命于危难之际。在军事指挥中，他一贯坚持军事辩证法，尊重战争的规律，总是从敌情、我情、民情及地理情况出发，实事求是地贯彻执行上级的军事方针、作战原则。在第

李先念戎装照

四次反“围剿”的冯寿二、七里坪、胡山寨等恶战中，在冲破枣阳新集、土桥铺地区国民党军队的“围攻”堵击中，都可看出他军事指挥的鲜明特点。

10月，红四方面军主力由鄂豫皖根据地向西进行战略转移，他率部随主力而去，第一次告别了家乡湖北。途中，在指挥部所在的枣阳新集、土桥铺地区冲破国民党军的“围攻”堵击，为全军打开通路，并在危急时刻保证了总部的安全。子午镇战斗中，李先念身负重伤，坐在担架上指挥部队顽强奋战，冲破敌军追堵，翻越秦岭，涉渡汉水。1932年12月，李先念被任命为西北革命军事委员会委员，投入创建川陕革命根据地的斗争中。

李先念所带的部队素有狠、硬、快、猛、活的作风，能攻善守，敢打硬仗，常常成为战役战斗中的“铁拳头”。1933年2月，川军田颂尧部近六万人向入川不久的红四方面军发动了“三路围攻”。方面军总部采取“收紧阵地、待机反击”的作战方针，主动退到以通江县空山坝为中心、方圆约五十公里的地域内，在运动防御中寻找战机。李先念担任率部迂回敌后、切断敌退路的重任。5月，空山坝决战前夕，李先念冒着大雨，沿着湿滑的山路，翻过几座山冈，到担负艰巨攻击任务的红三十三团直接指挥作战。战士们看到浑身泥水的师政委来了，战斗情绪更加高涨了。这次作战，红四方面军共歼敌十三个团，俘敌两万余人，缴获大批枪支、弹药、马匹。

1933年7月，红四方面军扩编，李先念担任红三十军政委。10月，在宣（汉）达（县）战役中，他率部奇袭达县城，歼灭守敌，缴获大批军用物资。

1933年11月，蒋介石令四川军阀刘湘纠集一百一十余个团约二十万人，对红四方面军进行长达十个月的“六路围攻”，李先念与方面军副总指挥王树声负责西线部队抗击四路敌军。当反“围攻”作战转入反攻时，徐向前、李先念率红三十军及红九十三师克巴中，准备从西北的黄猫垭、旺苍坝地区，对敌第一、第二两路军实施大纵深迂回，以求围而歼之。此时，张国焘忘记东线浅近纵深迂回作战失掉战机的教训，又从后方打电话令部队向巴中正北的长池方向进击。徐向前提醒，这样迂回太“浅”，很可能是追着敌人屁股打，张国焘不听。电话中讲来讲去，没有结果，使徐向前感到进退两难。这时，李先念大胆建议：“将在外，君命有所不受嘛，你叫我们往哪里打，我们就往哪里打，我们听总指挥的！”

徐向前说：“好！我们来个‘机断专行’，这回就是犯了错误也不听他的，错了我负责。”

在徐向前的指挥下，李先念率红

李先念

三十军沿仪风场、雪山场火速奔袭，抢在敌人之前占领黄猫垭天险，川军十余个团皆成瓮中之鳖，一万四千人悉数被歼。李先念渊博的军事知识和超群的指挥才能来自勤奋，他善于在战争中学习。每次战斗发起前，只要条件许可，他就亲自踏勘预设阵地，虚心向他人请教，再三推敲作战方案，预测各种可能发生的情况；战后，则发动官兵认真总结成功的经验和失败的教训，把感性认识提高到理性认识。在反“六路围攻”后，他和大家总结了五条宝贵经验，除了“收紧阵地，诱敌深入”等重要经验外，有一条就是注重培养和使用主力。红三十军中有的师、团攻防能力特别强，常常担负“啃硬骨头”的任务，如“钢团”二六三团和“百战百胜”二六八团，因而部队减员就比较多。为了使这些部队保持满员，具有较强的突击力，李先念不惜缩减军机关、直属队乃至其他部队，也要及时补充主战部队，以便随时派遣他们执行最吃紧的战斗任务。

在敌数倍于我的情况下，李先念经常组织指挥部队夜间袭击，以奇制胜。因此，他非常重视夜间战斗课目的训练，常在漆黑的夜里组织部队练习行军、爬山、攀登悬崖、侦察、联络、射击、投弹等，使部队具有夜间作战的特长。红三十军第八十八师二六五团是李先念亲自培养训练出来的“夜老虎”团。该团夜战登龙坪、奇袭毛坝场、智取庆云场，屡建战功，声威远震，使得敌人闻风胆战，红四方面军总部授予该团“夜老虎”称号。这些团队强有力的政治思想建设、组织建设，以及灵活的战术思想和过硬的战斗作风，凝聚着李先念的大量智慧和心血。

（本文选自《人民政协报》）

中将王宗槐的部队青年工作生涯

文／李　伶

在解放军第二炮兵既往的领导班子中，有位副政委名叫王宗槐。1955年，王宗槐被授予中将军衔。王宗槐的一生与部队青年工作结下了不解之缘，这里记录的便是其中几个片段。

在中央苏区与部队青年工作结缘，在红军“青年冲锋季”中迅速成长

王宗槐，乳名二伢子，1915年8月15日出生于江西省万载县柏树街白茅冲一户贫农家庭。1930年参加中国工农红军，半年后加入共产主义青年团。他吃苦耐劳，作战勇敢，并在一次护旗冲锋中光荣负伤，成了青年战士学习的好榜样。

1932年1月，王宗槐被选为红三军七师的团代表，出席了在瑞金召开的首届苏区共产主义青年团代表大会（简称“团代会”）。这次团代会共有三百多名代表，会议大约开了十天。会上，他认识了萧华、刘志坚等人，并首次见到了周恩来、项英、萧劲光等领导。这次会议，为发展和加强红军部队的青年工作奠定了基础。正是从出席这届团代会开始，王宗槐与部队青年工作结下了不解之缘。

1932年2月底，红三军为贯彻上级有关青年工作的指示，在江西信丰县举办了约三十人的青年骨干训练班。四个月后，青训班结业，王宗槐被分到红三军第七师政治部青年科任干事。也是在这一年，王宗槐光荣地加入了中国共产党。1933年冬，王宗槐被调到红二师政治部青年科任干事。

1934年2月初，红军总政治部召开

王宗槐

政治工作会议，周恩来在会上号召大家动脑筋想办法，加强政治工作，巩固和提高部队战斗力。以萧华为部长的总政青年部根据这一精神，倡议在红军部队中开展“青年冲锋季”活动，受到全军上下的积极支持和热烈欢迎。

“青年冲锋季”活动，实际上是在青年战士中开展的竞赛活动。竞赛内容是“四不、五要、三努力”，即不生病、不掉队、不怕苦、不犯纪律；每人要识三百个字，要团结友爱，要积极参加文体活动，要搞好军民关系，要讲究卫生；努力提高政治觉悟，努力提高军事本领，努力提高文化水平。为便于记忆和贯彻执行，有人将这些内容以《苏武牧羊》的曲调谱成歌曲，在部队中广为传唱，起到了很好的效果。

时任红二师政治部青年干事的王宗槐，在组织红二师的“青年冲锋季”竞赛活动中起了很大的推动作用。比如要识三百个字，不少人觉得困难，王宗槐就跟大家一块想办法，先认本连人的名字和行军经过的地点，让大家把不认识的字三五个地写在前边同志的背包上，以便边走边认，休息时就相互测验。这样的竞赛活动，做到了有布置、有检查，方法对头，收到了显著的成效。

由于部队战斗频繁，物质生活条件差，文化生活也非常贫乏。那时活跃文化生活、鼓舞部队士气的重要手段，就是唱革命歌曲，召开文艺晚会。一次开晚会时，师长陈光、师政委刘亚楼都上台参加演出。军团的聂荣臻政委，还有罗瑞卿也带头上台演戏。王宗槐很受感动和激励。原先他张口讲话就脸红心跳，但在领导们的感染和带动下，短短三个月，他学会了许多歌曲，走到哪儿就教到哪儿。在苏区的两次演出中，他都男扮女装，上台演戏。其中一次是在江西黎川县演《苏区景》，由于他长得清秀，个子也不高大，装扮苏区的绣花姑娘，演得很成功。

长征途中，他带领先头营冲进遵义城里打土豪，没想到党中央在这里召开了遵义会议

红军长征血战湘江后，王宗槐和先头营的战友们在占领通道县城后，经贵州之剑河、台江、施秉，跨乌江，攻团溪，追溃敌至距遵义四十里的梅关。

1935年1月7日凌晨，先头营二师六团三营像一把尖刀插入了遵义新城，把红旗插在城里的一座楼房上。

进城后，王宗槐的首要任务是带着警卫排两个班去遵义老城打土豪。这是二师政治部首长的命令。谁是打击的具体对象呢？王宗槐向几个贫农做调查。老百姓都说：“柏拐子最坏，柏拐子最有钱。”这个柏拐子就是柏辉章，腿有点

瘸，故名“柏拐子”，是贵州军阀的一名师长，在遵义城里有处别墅。

在群众指点下，王宗槐等人在天主教堂旁找到了柏拐子的住处。他让一个班看守教堂，另一个班跟着他进了柏拐子家。这是一座两层的木楼，有凉台，家里的人都跑光了。经查找，柏拐子早把白银和贵重物品带走了，只留下为数不少的衣物、布匹和点心。

见了点心，王宗槐才觉得肚子饿了，便向大伙下令道：“一边吃点心，一边没收财产。”他们把那些适合部队穿的衣服挑出来装在竹筐里，其余的抬到凉台上。凉台下是条小街。他们往小街扔衣服，街上群众在下边抢。这里群众也许太穷了，不像别处那样怕财主报复。别处不敢要，这里的人争着抢。有的抢不到，战士们就朝他们身上扔。谈及这些事，王宗槐在他的回忆录里这样写道：“那时，我们这些穷苦人出身的红军战士，只是想着打胜仗，多缴获些东西，一边武装自己，一边分给老百姓，这就是最大的乐趣了。”

离开柏拐子家，他们把没收的东西交给了师部地方工作科，第二天就跟着师部向娄山关前进，一直北进到松坎地区。这时，后方传来了喜讯：党中央在遵义召开了重要会议——长征途中具有划时代意义的遵义会议。许多年后，王宗槐来到遵义会议旧址参观时，才惊喜地发现：“这不是柏拐子那座木楼吗？当年，我们还在这里打土豪呢！”

在遵义会议精神的光辉照耀下，王宗槐和他的战友们回师遵义、四渡赤水、爬雪山、过草地，历尽千辛万苦，胜利完成了震惊世界的二万五千里长征。

从第五次反“围剿”到长征路上，部队一直缺盐。因为缺盐，大家往往全身无力。长征途中，正当王宗槐举步维艰时，团政委杨成武匀给他一包盐。那情谊，比金子还珍贵。在大渡河北岸的一座山上，王宗槐生病掉队了。偏巧，二师卫生部部长叶青山带着收容队向他走来。一针打下去后，两位战友便架着他，吃力地朝前走。走着走着，他有劲了，甩开左右，咬紧牙关独自朝前赶。快到雅安附近时，他终于追上了队伍。快过草地时，部队严重缺粮，团青年干事钟生溢（当时叫钟生益）在渡河作战中被河水冲走了干粮袋，几天来一直靠同志们的接济度日。王宗槐得知这一情况，将自己仅有的一点炒面一分为二，又将杨成武给他的咸盐匀出了一把，钟生溢含着眼泪收下了。1964 年，钟生溢在河南省军区任政委，偕同爱人到北京

叶青山

贵州省遵义市遵义会议会址

王宗槐与范景明在陕北延安结婚留影

舒　同

看望王宗槐时曾十分感激地说："要不是你那碗炒面，我是过不了草地的。"

一则"以字换盐"的故事，将大批文化青年引进了八路军军营

1937年8月，王宗槐调任八路军政治部组织部青年科科长。上任不久，组织部部长黄克诚即派他参加由司令部秘书长舒同带领的工作团，到山西定襄去发动群众，扩大武装。

以往红军招兵，都是本着"政治动员，自愿报名"的原则进行的。这次定襄招兵，依然遵照这一原则行事，难度可就大了。为了抗日救国，红军接受改编，摘下了红五星，换上了国民党军的青天白日帽徽，有的甚至不得不穿上国民党军的军服。这种外观上的相似之处给八路军的招兵工作带来了很大麻烦。因为国民党军队一向是靠抓壮丁来补充兵员的，他们军纪涣散，欺压百姓，导致民怨沸腾，谁还会自愿参军呢？

王宗槐初到定襄，亲眼看见了这样的一幕：阎军野兽般地追逐年轻妇女，有些妇女吓得提着裤子逃跑，有的被奸后含恨自杀；许多百姓的耕牛被抢走，就连鸡窝里的鸡和蛋也尽被掏去。王宗槐目睹惨状，不禁感慨万千："'遭殃军'呀，我咋跟你们同戴一种帽徽呢？"

为了与阎军区别开来，舒同、王宗槐等人采取了四条措施：第一，不论天晴天阴，都把写有"八路军"三个字的大草帽背在身后；第二，宣传八路军全心全意为人民服务的宗旨；第三，严格军纪，秋毫无犯；第四，教老百姓认识"八路军"三个字，以便从臂章上识别八路军。

好在定襄、五台等县大革命时期就有共产党活动，加上红军东征、平型关大捷等，都给人民留下了好的印象，所以当地群众对八路军热情欢迎。

这次招兵除了动员那些苦大仇深的

穷人报名参军外，还要把文化青年吸取进来，以便提高八路军的文化素质。这些文化青年，虽说具有满腔的爱国热忱，但又有好高骛远、不切实际的想入非非，有的甚至产生了“八路军都是土包子，文化青年参军是大材小用”等想法。

针对这些情况，工作团召开了群众大会，由舒同登台宣讲抗日救国的道理。遗憾的是，舒同的江西口音太重，群众听不清。王宗槐便在一旁当翻译。他口齿清楚，宣传效果很好，百姓都称他“王翻译”。

当宣传发动工作进入报名参军阶段时，王宗槐想出了一个好主意：让舒同展示书法。

展示地点就设在定襄一中的对面。青年们爱听红军的故事，主持会议的王宗槐便在大伙的掌声中讲了一则红军“以字换盐”的故事。

“三年前，我们在苏区反‘围剿’，盐比金子还贵。红军没盐吃，哪有力气行军作战呢？红军队伍里有个年轻人拍着胸脯说：‘这有何难？派两人，跟我进县城，背盐去！’部队领导将信将疑：‘背盐？吹牛吧？好，给你派两个！’傍晚时分，三个人回来了，果然背回了两小袋子食盐。怎么来的？卖字，用字换来的。大家觉得奇怪：‘你连毛笔都没有，用什么写的？’那同志便从自己的破棉袄里撕出一块棉絮，说：‘这玩意儿，绑在棍子上，这叫红军笔，好用得很呀！’”故事说到这里，王宗槐卖了个关子，说：“想不想见见那位以字换盐的书法家？”

“想！”会场掌声雷动。

这时，舒同举着“抗日救国，报名参军”的横幅走上了讲台。

王宗槐说：“这位舒同秘书长就是那位以字换盐的军旅书法家。”接着，他接过舒同手中的横幅说：“这字就是他用‘红军笔’写的。现在，请舒秘书长当场展示，以谢晋民！”

舒同在一片掌声中绑好了“红军笔”，便在两张八仙桌拼成的写字台上当场泼墨挥毫。王宗槐则在一旁说：“都说八路军是土包子，不对，里头能人多着呢！就说舒同秘书长吧，不光才学渊博，字也写得好。在南方时，老财们出钱还买不到哩！”

许多青年学生从后排挤过来求字，舒同便不停地书写，不断地奉送。那别具一格的字体，博得了大家的称赞。

定襄南王中学学生张际功一见墨宝，便头一个要求报名参军，其他青年也纷纷响应。不到一个月，一千多名定襄青年参加了八路军。他们组成的新兵团，又称定襄团，后来成为晋察冀军区的二分区六团，归赵尔陆领导。两个月后，舒同成了晋察冀军区政治部主任，那位头一个报名参军的张际功，则成了舒同的秘书。

舒同、王宗槐的定襄扩军，为以后创建冀西抗日根据地打下了基础。

（本文选自《党史博览》，有删节）

陶铸在四平前线

文／窦应泰

1945年11月24日，中共中央东北局根据毛泽东关于“建立巩固的东北根据地”和“让开大路，占领两厢”的指示，决定将刚刚在沈阳成立不久的中共辽宁省委分成为辽西、辽东两个省委，主动撤离随时可能被国民党军占领的沈阳。次日，这两个省委与东北野战军部队开始撤离沈阳，并迅速完成我军兵力向中东铁路两侧的集结。时任辽宁省委书记的陶铸被任命为辽西省委书记兼西满军区政委。

1947年夏天，我军开始攻打战略要地四平街。陶铸及省委一班人从北满白城子回到了从前住过的郑家屯（双辽）。这里离四平只有两百里，成了我军发起夏季攻势的前线指挥部。

6月15日，攻打四平的战役打响后，陶铸在郑家屯发动群众，组成担架队前往四平前线。为了就近参战，他率省委干部来到离四平较近的八面城。陶铸在这里指挥省委干部不时进入四平，协助我野战军攻城和加强支援前线工作。当时省委的主要任务是抢救、转移伤员。一般情况下都是午后3时我军向四平街国民党守军开炮时，省委组成的救护队在炮火掩护下随之进入四平街。当时，敌侦察机不时在八面城上空巡视侦察。尽管形势如此危急，可陶铸却没把这些放在心上。6月28日下午，我军已经攻占四平城区的四分之三，此时陶铸发现几次随军进入四平的省委工作队大多显得极度疲劳，甚至有人恶心呕吐，于是他决定亲自带队进入四平。他不顾大家的劝阻，带领新任四平市委书记的吴甄铎等人，在枪声最激烈的时候进入了四平街。这时铁西区弹雨纷飞，战斗异常激烈，而陶铸等人恰好走进了敌我双方紧张对峙的铁西区。

虽然铁西区炮火连天，可陶铸却坚持要求新任市委书记吴甄铎等人尽快将四平市委在战火中建立起来，以便在前线指挥救援工作。他对新市委的干部说：“大家不要怕，现在四平很快就要回到人民的手中了，既然野战军已经给咱们打开了一条血路，咱们就该马上把市委的牌子挂出来，这样一来，老百姓就有主心骨了！”

吴甄铎等随陶铸从八面城来四平时，就已将市委的牌子准备好了。当他听到陶铸的命令后，马上在一幢破楼门前将牌子挂上。但是，谁也没有想到，就在陶铸和四平市委的同志刚走进那幢被炸得发黑的大楼，准备印制安民布告的时候，外面突然响起了飞机低空飞行的啸音。原来国民党城防守军得到陶铸进四平的消息，马上派出四架飞机前来轰炸扫射。

当时的情况万分危急，因为我野战军并不知道陶铸已经进城，部队的火力仍然在集中攻打铁西的敌军兵营。此时敌机直向城区飞来，陶铸想，如果这时向楼外跑去，显然马上就会暴露在敌机火力之下，陶铸果断地喝止了那些惊慌向楼外跑去的干部，说：“都到楼下去，地下室可以当防空洞！”

陶　铸

听到陶铸的声音，一些初上前线的干部马上冷静下来，大家分头向一楼跑去。这时，四架敌机已围着这幢危楼，开始接连投弹。巨大的爆炸声伴随几丈高的硝烟气浪，把这幢楼房全然变成了一片火海。三楼立刻被炸塌了。整个大楼内外一片烟雾火海。可一楼是个空旷的大厅，一时找不到地下室的入口。敌机仍在狂轰滥炸，情况十分严峻。忽然，陶铸发现楼外那因轰炸激起的烟尘可以作为撤出大楼的掩护，于是下令市委干部分成两路，随他和吴甄铎分别从大楼南北两个门退出去，然后在附近寻找防空洞。

敌机疯狂地轰炸了半个多小时后才悻悻向南飞去。这时，吴甄铎等市委机关干部纷纷从各自隐藏的地洞里爬出来，在被尘土掩埋的废墟里寻找陶铸。大家上前一齐用手扒开厚厚的尘土，发现陶铸大难不死，他居然从碎砖乱瓦里爬了出来。只见陶铸身上沾满了尘土，脸也是黑黑的，只露出一口白牙。陶铸从瓦砾中爬出来后，首先问：“老吴，你给我清点一下，牺牲了几个？”吴甄铎要求陶铸马上撤回八面城，可是陶铸却说：“现在不是撤退的时候，我们还是要把市委的牌子挂出来。天黑以后再撤出去，明天还要进城。总之，只要我们军队在打，我们地方干部就要进城。”四平战役结束后，陶铸曾亲自为在战役中饮弹身亡的地方干部主持追悼大会。他亲笔为在四平战役中牺牲的支前干部和担架队员，题写了气壮山河的挽联，上联是“抚棺痛悼难书沉憾”；下联是“誓争胜利以慰英灵”。

（本文选自《中国档案报·档案大观》）

秦基伟血战朝鲜战场

文／向守志

秦基伟

1950年10月29日，秦基伟赶至重庆参加中共中央西南局会议，主动请缨参加抗美援朝。1951年3月底，秦基伟率领中国人民志愿军第十五军跨过鸭绿江。

从1951年4月22日开始，秦基伟指挥十五军痛歼美军第三十八团，同时展开群众性对空作战并在金化以南芝浦里地区组织防御，都取得了辉煌战果。

1952年3月，第十五军奉命接替第二十六军的防线，在距离朝鲜中线的平康、金化、淮阳地区约三十公里的宽大正面上组织阵地防御。这是一项战略意义十分重大的艰巨任务，用美军第八集团军司令范佛里特的话说，“中国军队控制的铁三角是联合国军的心头大患”。

所谓“铁三角”是指铁原、平康、金化。平康位于“三角”顶端，铁原、金化位于“三角”东、西两个顶端。有人把朝鲜半岛比作人形，铁三角正处于人的肚脐偏上的心窝地区。当面之敌为美七师、韩二师和韩九师一个团，共三万余人。其阵地前沿位于西方山、391高地、中墨谷、上甘岭、下所里、外也洞一线。

秦基伟主张积极防御，认为适时主动出击是积极防御的重要表现。他亲自指导我们夺取上佳山、381高地和391

高地的战斗都成为志愿军的典型战例。

1952年10月14日凌晨3时，范佛里特指挥四十架飞机、三百二十多门大炮、一百二十七辆坦克，发动了“金化攻势”。在长达一个多小时火力准备之后，美七师三十一团、韩二师三十二团及十七团一个营，共七个营兵力，分六路向上甘岭左右之597.9高地、537.7高地发起猛烈进攻。与此同时，美韩军队又以四个营的兵力向西方山和芝村方向实施进攻，战斗在距离十五军三十公里的宽大阵面上打响，企图牵制四十四师部队，分散秦基伟的视线。

秦基伟在前方电话线被炸断、电台被炸毁、话务员被震死、一点信息都得不到的紧急关头，却临危而不惊。他走出道德洞军指挥所，站立在山坡的一块山岩上，注视着正南方烧红的半边天，在观察，在捕捉信息，在深深地思考着。

坚守上甘岭的四十五师一三五团，与进攻之敌鏖战至日暮黄昏，虽然伤亡很大，但除597.9高地、537.7高地表面阵地被敌占领外，主峰阵地仍在十五军手上。随着信息越来越多，秦基伟在调整部署的同时，亲自给志愿军副司令员洪学智打电话，要来了一个“喀秋莎”火箭炮营。10月19日17时30分，“喀秋莎”火箭炮营和一百零三门火炮一次齐射后，四十五师师长崔建功指挥在坑道内等待时机的六个连，向占领597.9高地、537.7高地之敌发起攻击，激战至半夜，全部收复了表面阵地。

范佛里特对丢失两个攻占的阵地十分恼火，下了更大赌注与秦基伟较量。10月25日，美韩军以三个加强营的兵力，在三十多架飞机和强大炮火掩护下，疯狂反扑。双方激战终日，反复争夺四十余次，美韩军再次占领了表面阵地。

秦基伟具有极其不凡的顽强毅力。他在道德洞坐镇指挥，连续七个昼夜未睡过一分钟觉，神经高度紧张。面对不断传来部队伤亡巨大的消息，他对崔建功师长说：“告诉同志们，十五军的男人流血不流泪，谁也不许哭。养兵千日，用兵一时，伤亡再大，也要打下去。为了全局的胜利，十五军打光了也算不上什么。”他重重地说：“丢了五圣山，你崔建功可不好回来见我喽！”崔师长沙哑着嗓子说：“一号，请你放心，打剩一个连我当连长，打剩一个班我当班长，只要我崔建功在，上甘岭还是中国人民志愿军的！”秦基伟说：“请告诉部队，打到最后一个人，我秦基伟上去守阵地！”他这誓言般的声音，很快传遍了上甘岭，传遍十五军每个指战员，成为鼓舞指战员英勇战斗的号角。

秦基伟善于根据战场形势提出战术手段。面对两军拉锯式的反复争夺，表面阵地多次易手，四十五师三个团多数连队只剩十几个人，有些连队全打光了。10月21日，他与志愿军代司令员邓华通话时说：“建议暂停反击，前沿部队转入坑道，学他个孙悟空，钻进敌人肚子里闹他个天翻地覆！并以小分队活动与敌人周旋，牵住敌人的牛鼻子。同时调整部署，整补部队，抓紧准备决定性的大反击。”他的意见得到邓华的完全同意。

部队转入坑道斗争后，面对敌人截断水源、施放毒气、烟熏火烧，面对坑道越炸越短、伤员和烈士遗体越来越多、饮食生活越来越艰难，指战员们忍受着极大的困苦，以英勇无畏

的献身精神和钢铁意志，为人类的生存极限创造了一个制高点。

几天后，兵团代司令员王近山给秦基伟打来电话："老秦，十五军打到这个地步，已经到了极限。现在有两条路：一是顶着打下去，二是退一步再说，由你选择。"秦基伟说："王司令员，信不过十五军吗？为什么不打？从这十来天看，范佛里特的底气不过如此，我的意见是坚决打下去！"王近山说："我知道你。我个人也是主张打下去，但是打，要想办法，不能光靠硬拼。我这里赶紧给你派部队去。"

崔建功师长（右一）在坑道研究上甘岭作战方案

10月25日，十五军召开作战会议，发扬民主之后，秦基伟说："目前，整个朝鲜的仗都集中在上甘岭打，这是十五军的光荣！十五军已经打出了很硬的作风，咬着牙再挺一挺，敌人比不了这个硬劲。上甘岭打胜了，能把美军士气打下一大截。我们最困难的时候，往往也是敌人更困难的时候，这就要与敌人较量胆魄和意志。上甘岭战斗要坚决打下去！我们就是要和美国人比比这个狠劲凶劲！"秦基伟决定将二十九师八十五团、八十六团、八十七团各抽调部队支援上甘岭的反击作战。

第二天，王近山调十二军李德生副军长和三十一师增援，配属十五军作战。十二军部队到达上甘岭积极投入战斗，与十五军一起又消灭了大量的敌人，巩固了上甘岭阵地，直到上甘岭战役结束。

当时，板门店谈判正在进行，双方都在等着上甘岭的消息，谁家部队在上甘岭打得硬，谈判桌前的腰杆就硬，底气就足。兵团、志司、军委总参乃至毛泽东主席，都在关注着上甘岭的一得一失。

秦基伟有个独特的理论是：老子困难，范佛里特更困难，顶住就是胜利！

范佛里特不曾想到，攻占两个高地会有一场拉锯式的恶战。他更没有想到，攻占表面阵地后却像坐在火山口上，随时都要付出惨重的代价。

10月30日，秦基伟指挥十五军配属的三十一师炮兵、步兵密切配合，全歼占领597.9高地之美军四个连，收复了该高地表面阵地。11月11日，十五

1952年10月14日，抗美援朝最著名的战役上甘岭战役打响

上甘岭战役中的我军前线官兵

上甘岭志愿军阵地一角

军炮兵和步兵密切配合，全歼占领537.7高地之韩军一个营，收复了该高地表面阵地。

上甘岭战役于1952年10月14日开始，11月25日结束，共毙伤俘敌两万五千余人，击落击伤敌机二百七十余架，最终守住了阵地。作战中，志愿军伤亡一万一千五百余人。此役，创造了现代战争史上坚守防御作战的光辉范例。

一直关注上甘岭战役的毛泽东主席，于1953年6月16日在中南海丰泽园菊香书屋单独接见了秦基伟。毛泽东说："上甘岭打得很好。上甘岭战役是个奇迹。它证明了中国人民志愿军的骨头比美利坚合众国的钢铁还要硬。这个奇迹是你们创造的。"

（本文选自《解放军报》，节选自《从太行山到上甘岭的岁月——忆秦基伟同志》一文）

尽忠报国的陈树谷烈士

文／赵　畅

陈树谷

陈树谷，又名陈特平，笔名叶希。1916年9月出生于浙江上虞通明乡花园畈村（今丰惠镇通明村）。1932年，他经由亲戚胡愈之介绍，进入上海《生活周刊》营业部当练习生。在那里，他结识了不少革命人士。

1937年初，他经胡愈之介绍，进入《月报》社担任助理编辑和资料校对工作。在那里，他结识了许多中共党员和进步作家，加深了对中国共产党的认识和向往，并开始以“叶希”为笔名发表作品。除了工作，他还利用晚上时间到李公朴等人创办的“量才补习学校”学习俄文、世界语，参加反日示威游行和演讲。1937年，八一三淞沪抗战爆发后，陈树谷在家乡上虞联络人员在县城开展抗日救亡运动，并于9月15日成立“上虞县各界青年救亡协会”。

1938年初，陈树谷受部分进步青年的委托，秘密到了邻近的嵊县，通过中共嵊县县工委委员张珂表，找到了党的关系。时任中共浙江临时工作委员会组织部部长、分工负责宁绍地区工作的邢子陶同志回忆：“当时，罗振声和陈树谷是上虞两位主要领导人，在年龄、经历

和社会地位方面，罗振声比较好，但罗振声出身封建没落家庭，在个人生活作风、联系群众方面，罗振声不如陈树谷。陈树谷生活简朴，联系群众，有较高的政治觉悟，善于团结同志，任劳任怨，不怕艰苦，大家认为他担任县工委书记比较合适。罗任县工委宣传部部长。我也认为陈树谷是一位非常坚强的好同志，能够胜任这一工作。1938年5月，中国共产党上虞县工委成立，陈树谷出任县工委书记。在县工委和他的领导下，很快在百官、驿亭、丰惠等地建立和发展了党的组织。”

随着抗日救亡形势的不断发展，时任国民党浙江省主席的黄绍竑接受党组织的建议，支持全省各地成立政治工作队。国民党上虞县当局见形势不妙，先下手为强，成立了“上虞县第一届政治工作队”。1938年11月，上虞县政工队重新招考队员，中共上虞县工委充分利用国民党政府这一合法组织形式，动员一批党员和进步青年报考政工队，结果全部被录取。在政工队内部，陈树谷秘密建立了党支部，并兼任党支部书记。陈树谷作风深入，密切联系群众。在政工队内的队员，都很愿意接近他，亲切地叫他为“谷伯”。他还在政工队内，通过党支部吸收了一批思想进步、工作积极的队员为共产党员，从而极大地推动了全县抗日救亡运动的蓬勃发展。1940年春，国民党浙江省当局下令解散全省的政工队。经中共宁绍特委决定，县工委通知陈树谷立即撤离，调到皖南新四军军部工作。

1940年4月12日晚陈树谷离开上虞，经过十三天的长途跋涉，他终于到达皖南岩寺，住进了新四军军部招待所。不久，他被分配到教导团某连当政治指导员。可还没来得及好好休息几天，国民党就在1941年1月制造了震惊中外的“皖南事变”。当时，新四军军部所属部队九千余人奉命北移。我军从泾县云岭驻地出发，行至茂林地区时，队伍突遭国民党军七个师八万余人的包围袭击。我军指战员英勇抵抗，寻机突围。陈树谷率领的那个连，给了顽军二师一部以迎头痛击。最后，终因寡不敌众，除两千余人突围外，其余大部分指战员壮烈牺牲或被俘。陈树谷因右腿负伤，不幸被俘，被关押在上饶集中营。

在监狱里，任凭敌人怎样严刑拷打，他始终咬紧牙关。五个多月的时间里，他和一些狱友无时无刻不在想方设法逃离虎口。经过一段时间的观察，他终于和其他三位狱友一起找到了出逃的“机关”，并利用放风之机，逃出了魔掌。

1942年7月，陈树谷告别老母亲，由上海新四军地下交通站介绍，如期到达苏中二地委。经集中营逃出来的同志证明，地委决定让陈树谷担任江都县委宣传部部长。不久，日伪军对江都、高邮、宝应等地区进行大规模“清乡”“扫荡”。二地委执行中共中央关于“精兵简政”的指示，陈树谷调任高邮县二区任区委副书记兼宣传科科长。

当时，高邮二区周围日伪据点林立。为此，中共高邮县决定给这些据点的伪军以致命打击。1943年夏收前，日伪军妄图在夏收中捞一把。针对敌人动向，陈树谷主动出击，发动几千名群众游行示威，并采取分块包围的形式进行威慑，迫使日伪军不敢轻举妄动。1943年冬，敌伪变换手法，通过便衣活动，设立税卡，收税收捐。为了拔除这个税卡，扫

江西上饶集中营

清敌据点的外围障碍，12 月 25 日下午，陈树谷带领特工干部，突然闯进伪军税务所夺枪，正在赌博的伪军吓得魂不附体，纷纷缴枪。此时，一个伪军趁大家不注意时逃跑了。很快，附近据点的两个排的伪军赶来支援。见状，陈树谷一面应战，一面组织后撤。想不到，退到一个叫李家庄的地方时，又碰到另一路伪军。在腹背受敌的情况下，陈树谷的腿部被子弹打中了，带伤撤至李家庄北面时不幸被捕，并被关押在张家庄据点。

1944 年 1 月初，十里尖伪据点被新四军拔除，张家庄的伪军见大势不好，决定撤离。8 日深夜，伪军将遍体鳞伤的陈树谷架出据点，带至张家庄南面一块麦田中央，将其杀害。

（本文选自《人民政协报》）

忆东北抗日联军将领周保中同志

文/穆　青

周保中

1945年10月，抗日战争的烽火随着日本帝国主义的投降而渐渐熄灭，党中央即从延安抽调大批干部前往东北，其中有一个由新华社、《解放日报》十六人组成的小分队，这个小分队由当时新华社副社长吴文焘率领，是准备去东北建立总分社的，我也是其中的成员之一。10月初，我们从延安步行奔波了三个多月才到达东北。这时，东北局已由沈阳撤出。我们只好绕过沈阳，经法库、铁岭一带穿插而行，于1946年2月春节的前两天赶到海龙县。

我的行装甫定，当时《东北日报》负责人廖井丹就把我找去，说："现在有个紧急任务，派你赶快去访问周保中同志。中央的意见是要派记者去访问他，请他对东北的形势发表谈话，说明抗日联军在东北坚持抗战多年，而国民党未出一兵一卒，现在根本无权接收东北。"接着，又叫我赶到梅河口去见东北局宣传部部长凯丰同志。凯丰同志说："这个任务很重要，我们派一个班护送，还有作家魏东明与你同去，到什么地方以及介绍信等，都交代给他了，明天一早就动身。"

周保中将军是东北抗日联军的统帅，是威震敌胆的民族英雄。在东北沦陷的十四年当中，特别是在杨靖宇将军牺牲之后，周保中率领抗日联军，出生入死，独撑危局，是人们心目中一位颇有传奇色彩的英雄人物。现在，有幸去访问他，采访他们十四年艰苦抗日的英雄业绩，我感到非常的兴奋。

我什么也来不及准备，第二天一早，一辆卡车就载着一个班的战士护送我们出发了。驾驶室里除了驾驶员外，只能坐一个人。魏东明年龄较大，身体又不好，就让他去坐了，我跟战士们挤在车上，毫无遮掩，日夜兼程。当时正是东北最严寒的季节，气温降到零下三十多摄氏度。那风，像利刃一样，割着耳朵、割着脸，穿透棉衣，透进骨髓；那空气，充满了冻结力，真是哈气成冰，眼睛、眉毛、胡子都挂起冰凌，眼睛张合，鼻子翕动，均有沙沙声。我们简直冻成了"冰人"，腿脚好像失去了知觉。带的干粮成了冰块，咬不动，掰不开，要吃就得停车寻火烤，而汽车一停就被冻住，要用火烤才能启动。当时东北地区土匪猖獗，为了防止各种各样的"座山雕"袭扰，我们又不得不经常在夜晚行车。就这样，我们走一路，就同严寒斗争了一路，走了两天三夜才到达目的地。

看来，周保中将军在我们到达之前就已接到东北局的电报了，所以，我们一到，他就立即接见了我们。周保中将军的司令部设在镇中一座宽敞的房子里，我们一跨进大门，就见一位身着将军服的四十多岁的中年人急切地迎上前来，热情地拥抱我们。我紧紧地握着他的手不放，眼睛一片模糊，一股幸福的热流顿时传遍全身。不用介绍，我心里明白，这就是我多年敬仰的、叱咤风云的抗联将领——周保中将军！待我们平静下来，他问我们一路的情况，我们一一作了介绍，他又像亲人般，忙着关照我们洗脸、洗脚、烤火、休息。此时此刻，我仔细打量着周保中将军，他同我想象中的传奇人物似乎有些不同。他身材不高，却很魁梧，目光中透露出庄严、威武的神色。他说话不多，但声音洪亮，是个典型的军人形象。他热情、诚恳、质朴，又是个和蔼的长者。从他的简单话语和神色中，可以感受到他对党、对同志充满了深情。当我们向他说明来意后，他说，明天就要行军到磐石，到那里再详谈吧。

中午，周保中将军为我们准备了丰盛的午餐，并邀请所有的抗联老战士和我们见面。显然，他把我们的到来，作为部队里一件隆重的大事来安排。席间，他说："我们同党中央失去联系十多年了，在艰苦斗争的岁月，我们无时无刻不在想念延安，无时无刻不在盼望听到党中央、毛主席的声音。大家应该开怀畅饮，庆祝我们的团聚，庆祝抗日战争的胜利！"作家魏东明代表我们向大家敬酒。他说："杨靖宇、周保中将军领导东北的抗日武装，同日本帝国主义做了长达十四年的浴血奋战，为挽救中国的危亡做出了最大牺牲，建立了丰功伟绩，中国人民将永远感谢你们。在座的都是抗日的英雄，是中国人民的脊梁。党中央时刻惦念着你们。今天，我们借主人

的酒，祭奠在抗日战争中牺牲的英烈，慰问在座的周将军及各位同志。”顿时，全场一片肃穆，接着是一片掌声。当时，大家的心情十分激动，你一个，他一个，先后起立互相敬酒，杯声、掌声、欢笑声融成一片。

当天下午，周保中将军又特邀我们到他家里做客，让他的夫人和女儿同延安来的亲人见面。将军的夫人王一知本是一位知识分子，跟随周保中将军转战于白山黑水之间，已锻炼成一个久经沙场的女战士。那时她才三十岁，一身戎装，说话斩钉截铁，性格相当豪放。将军的女儿嘉丽才四岁，天真活泼，见到我们毫无怯意，跑前跑后，对我们非常亲昵。晚上，将军夫妇热情地留我们吃晚餐。不到一天时间，我们已是亲如家人，相处无间了。

第二天一早，我们随将军的部队出发了。一路上，我看到这支队伍军容整齐，秩序井然，周保中将军气宇轩昂地骑在马上，我们不时地并辔而行。傍晚，部队到达磐石，我和魏东明被单独安排在一家杂货铺食宿，周保中将军还派了一名通信员和一名警卫来照顾我们。

部队刚安顿好，我们的采访活动就正式开始了。我首先完成了一篇《周保中将军答记者问》的新闻（载于1946年3月12日的《解放日报》），接着便开始详细搜集抗日联军十四年斗争史的材料。周将军几乎每天都要抽半天时间同我们谈话，有时是我们到他的司令部，有时是他来到我们的住处。许多熟悉情况的抗联老战士也三三两两地来找我们交谈，谈抗联当年的艰苦斗争的生活，谈他们许多可歌可泣的故事，也谈了他们同中央失去联系的想念之情。谈到激动处，大家或沉默不语，或泣不成声。特别是有关周保中将军本人的事迹，使我十分感动。

周保中说，从1937年起，他们即与中共中央及关内失去了所有联系，完全陷于孤军奋战的困境。最难忍受的不是弹尽粮绝、挨饿受冻，而是听不到党中央的声音，接不到党的指示。在最艰难的日子里，他们想念延安就像孩子想念娘一样。有一次，他们搞到一份毛主席的《论持久战》，大家如获至宝，你传我，我传你，抄的抄，摘的摘，毛主席的话就像茫茫大海的指路明灯，给了他们无穷的智慧和力量。

他们遵照毛主席在《论持久战》中提出的战略思想，把部队分散组成许多小分队，依托完达山、老爷岭，不断骚扰、打击敌人，不仅在极端艰苦的条件下保存了自己，而且牵制了大量敌人，使他们不能进关。

那时候，敌人对周保中恨之入骨，到处画影图形，悬赏捉拿，宣布“谁割得周保中一两肉，可换一两金子”。一些抗联老战士告诉我，东北抗日战争之所以能坚持下来，就是因为有共产党的领导，有周保中这样一些冲锋在前、退却在后、与战士生死与共的共产党员。他们还说，有一次在战斗中，周保中的肠子被打出来了，他伸手就把肠子塞进肚子里，用绑腿布紧紧缠住，继续行军，战士们纷纷要抬他，他却一一拒绝了。在另一次战斗中，周保中的左腿中了一颗子弹，他理也不理，依然指挥作战，直到战斗结束后，才请一位土医生来做“手术”。那时，缺医少药，根本没有麻醉针剂，土医生就用拔钉子的钳子，硬是从他的腿骨上把子弹拔出来，将打烂

周保中与王一知

1943 年 10 月 5 日，周保中与东北抗日联军教导旅部分干部合影

的肉剪一剪，用水洗一洗伤口敷药了事。当时，周将军咬紧牙关，头上滴着豆大的汗珠，却吭也没吭一声。一些曾目击此事的同志对我说，三国有关云长刮骨疗毒的故事，但那是历史传说，谁也没有见过，而周保中将军的坚强意志和英雄气概却是大家有目共睹的。

1939年10月初，东北已是千里冰封寒冷彻骨。周保中率领警卫大队一百二十多人转战到黑龙江省宝清县的兰棒山，当时他们已有七八天未见一粒粮食了。周保中从望远镜里看到山下有一座小木房，便派副官陶雨峰带领两人下山找点吃的。三人下去后，左等右等还不见有人回来，大家以为他们买了很多东西走不动了，谁知结果却只等回来陶雨峰一个人，而且两手空空，身上背着三支枪，大家立即明白这是出了事。陶雨峰回到山上说，那座小窝棚里什么也没有，但见有锅灰，看样子人已走了个把星期。同去的两人见到这情景感到绝望了，他们说："陶副官，放我们去吧，给我们一条生路，我们去找点吃的。"陶雨峰说："你们要走，把枪留下！"于是，他们两人把枪挂在树上，子弹放在地上，转身走了。走时流着泪说："陶副官，请转告周总指挥，我们只是想留条活命，相信我们决不会投敌，决不出卖周总指挥。"

听完这段话，周保中立即把大家招拢来，沉重地说："同志们，陶副官的话，你们都听到了。现在我们确实面临着生与死的问题。眼下，已是深秋了，草也不能吃了，棉衣也没有，我们可能会饿死、冻死。他们走了，请同志们决定，愿走的走，只要把枪留下，尽可以去找条活路，就是剩下我周保中一个人，也要抗日到底！"听了这些话，全场一片唏嘘。顿时，一百二十人齐刷刷地站起来，不约而同地高喊："我们不走，死也要和周总指挥死在一起！"周保中抹了抹眼泪，说："好，我们活要活在一起，死也要死在一起。但是，我们绝不轻易去死，我们正是为了活才去战斗。我相信，困难总是可以度过的，胜利一定属于中国人民！"就这样，他们又整理好队伍，整整齐齐地下山了。

1940年，东北抗日联军几乎面临绝境，许多部队弹尽粮绝，日以菌类野草为食，夜以荒林冻土为床，许多战士死于冻饿之中。活着的，行军走不动路，站岗要背靠着树干支撑。就是这样，周保中带领着抗联战士顽强地战斗着。

记得周保中还给我讲过这样一个故事。他说，有一次在战斗转移中，十几个重伤员实在无法行动，他们怕连累整个部队，便主动要求留下。周保中拗不过他们，便找了一个隐蔽的山洞，留下一些粮食和一名炊事员、一名卫生员看护他们，让他们安心养伤，等部队回来时再接他们。后来谁知，因为情况恶化，部队未能按时去接，日后找到这个山洞时，只见留下的伤员一个个都饿死了。有的躺在铺上，有的死在锅台上，锅里粒米无存，只有一锅黑乎乎的稀汤。炊事员倒在山洞附近的水沟里，扁担、水桶都还在他身边不远的地方，显然他是因为打水时体力不支，倒在水中起不来，就饿死在那里了。去的人当场点了点数，一个也没少。后来，他们将这些烈士掩埋在山洞里了。周保中深情地对我说："我们的战士确实是了不起的英雄，他们宁愿饿死，也不向敌人屈膝投降。我曾发过誓，等打败日本鬼子，一定要在那

周保中

里为他们立个碑作为纪念。”

当时，敌人到处张贴一张漫画，画面上，抗日联军站在一棵树上，“皇军”正在下边锯树，树已倾斜，眼看抗日联军就要掉下来。抗联英雄们看到这张漫画都嗤之以鼻，说：“我们永远也不会掉下来，总有一天，我们要从天上扑下来歼灭你们！”事实正如英雄们预言的，到了1945年8月，当苏联红军参加对日作战时，周保中同志领导的抗日联军便从东北大地的各个角落如火山喷发一般，给日军以最后一击。抗日联军很快发展到十余万人，改编为东北人民自卫军。

在长达十四年的浴血斗争中，周保中同志和抗联英雄为中华民族写下了一部惊天动地的英雄史诗。我们在磐石住了将近半个月，每天都被这类英雄故事激励着、感染着。在抗日战争期间，我亲身经历了无数苦难，在晋西北吃过黑豆糠皮，在冀中钻过地道，但是，比起东北抗联遇到的困难，那些实在是算不了什么。我也读过不少中外战争史，看到过不少反法西斯斗争的英雄事迹的报道，但是，论其战争环境的残酷性、艰巨性，还没有一个是超过东北抗联的。中国人民正是依靠这批伟大的民族脊梁，依靠他们不死的抗争精神，才免遭灭亡。

在那些日子里，我处于极度感奋之中，常常边谈边写，边写边哭。最后我将《抗日联军十四年斗争史略》写了出来，经周保中同志审阅后在《东北日报》和延安《解放日报》上同时发表了。其实，那篇通讯不过是关于抗联的斗争史略，许多细节和可歌可泣的故事，都不可能收纳在内，本想等以后有机会再详细报道，但不幸的是，后来由于解放战争的激烈，在行军作战中把当时那些宝贵的笔记统统丢失了。这是我一直引为终生的一件憾事，现在想弥补都无法弥补了。

半个月后，我不得不离开磐石，彼此都依依不舍。周保中将军特地换了一套西服，带领全家邀我们到照相馆合影留念。

在纪念抗日战争胜利40周年的时候，我想起将军生前的音容笑貌，心情仍然不能平静。现在谨以此文，寄托我对周保中将军及一代抗联牺牲烈士的无限哀思！

（本文作于1985年，选自中共吉林省委党史工作委员会所编《回忆周保中》）

浴血祁连山的悲壮故事

文／张亚斌　林发勇

巍巍祁连山不会忘记，有一支“妇女抗日先锋团”，为打通国际通道，她们与红西路军一道西渡黄河，在穿越河西走廊途中遭到西北军阀马步芳部的“围追剿杀”。“妇女抗日先锋团”与敌人浴血奋战、碧血黄沙，用生命和热血谱写了一曲震古烁今、感天动地的英雄篇章。

陈慧芳依稀记得，她的老家在贵阳市白马洞街上，十几岁时母亲突然离家出走。一天，她在寻找母亲时遇见红军，于是就参加了红军，被编在少先团。她说：“那时，吃得困难，穿得破烂，我们就抽空自己打草鞋。过草地时，饿得吐酸水，闻到战友们烤皮鞋的味道都觉得香得很。后来，我被编进妇女团。打腊子口那一仗，我们妇女团也上了，死伤不少。后来过腊子口，到会宁，三个方面军会师。红军部队渡过黄河西征时，我们唱着战歌，好雄壮啊！”

1936年10月，妇女团随红四方面军总部渡过黄河后，即与其他部队一起，面对密集的战事。她们首战吴家山、大捷一条山、坚守永昌城、攻克高台、山丹城。10月底，妇女团随红三十军进至一条山，便与前来堵截的马家军展开激战，妇女团缴获骆驼三十四。11月上旬，妇女团随主力进到古浪的大靖、土门一带，一营、二营安全通过敌人封锁线，三营被阻截。女战士们英勇地与敌人展开搏斗，子弹、手榴弹打完后，便挥舞大刀与敌拼杀。三营一百多名指战员用鲜血和生命为部队敞开一条血路。

高台攻防战是整个西征中最为惊心动魄、悲壮惨烈的一战。1937年元旦拂晓，马步芳、马步青部五个骑兵旅、两个步兵团及炮兵团、民团共两万余人向高台城蜂拥扑来。红五军主力被迫全部退守城内。1月20日，敌倾力攻城，城墙被打开好几处缺口，红五军和妇女团战士全部上到城头奋力抗击。女战士们英勇杀敌，刺刀、大刀卷缺了，就用石头砸，用牙齿咬，直到最后扭住敌人滚下城墙同归于尽。

在经历五个多月八十多次战斗后，妇女团伤亡最为惨重，只存活三百余人。陈慧芳记得，出发前妇女团有一千多人，她说："名义上是妇女，其实也跟男的一样，一样要参与战斗。西路军没有运输部队，也没有运输车，武器子弹都是女红军在背。女战友们被俘后，有的吞针自杀，有的越狱逃跑，有的惨遭杀戮，有的被转卖不知所终，最后被营救回到延安的只是极少数。"

"当时我和一些战友被抓进一座大庙，因为是女兵，所以侥幸没有被杀，而是被押去青海，一路上受尽凌辱。到了西宁，我们又被押送到青海一个毛纺厂做工。"陈慧芳回忆道。后来，陈慧芳九死一生逃离出来，却找不到组织，只好在兰州一家印刷厂当装订工。中华人民共和国成立后，她的西路军女战士身份得到政府的确认，自己也与一位曾经参加抗美援朝志愿军的转业军人结了婚，二人相依相伴走过了幸福的后半生。

在风雨如磐的岁月里，陈慧芳和众多红西路军女战士一道，用脚板丈量了甘肃西部的雪山、草地、戈壁，用血汗浇灌了祁连山的雪莲，用生命和意志在中国革命战争史上写下了英勇悲壮的一页！

（本文选自《解放军报》）

抗战中的胶东女性

文／刘树伟　任丽违

秋收纺织搞生产

由于战争需要，农村大部分壮丁都开赴前线，艰巨的秋收任务便由妇女来承担了。

据牙前县二十四个村的不完整统计，仅1945年的秋收，就“割谷五百五十九亩半，剥玉米一百一十四亩半，翻地瓜蔓一百九十五亩，收割豆子等二十六亩”；林寺区冢后一村的青妇小队，在秋收中“割谷三十亩，剥玉米三十六亩，收锄地瓜等六十一亩”；乳山县六个区不完整统计，“收拾玉米三百二十二亩，割谷六十五亩，割䅟子二十二亩”。

可以想象，这枯燥的数字背后，该是何等艰苦的劳作。

为打破敌人对解放区的封锁与掠夺，为了丰衣足食，妇女们纷纷摇起纺车。据不完全统计，截至1945年上半年，胶东解放区妇女共纺线一千八百七十二万斤，织布四百六十八万疋（疋同匹）。仅文登一个县就“纺线两千三百多万斤，织布一百五十多万疋”。全胶东妇女纺织收入达九十九亿多元（北海币），织布者人均年收入“一千五百元到两千五百元”。

赚来的钱，除了贴补家用，好多人还投资合作社，有数字表明，当时参加合作社的妇女有十四万六千多人，投资四千二百多万元。

有资料显示，1944年时，胶东解放区的物价是这样的：一尺布五元左右，买一个大饼一元五角，一斤猪肉三元上下。妇女们靠着辛苦的劳动，有了收入，足以改善家里的生活，也给自己在家庭中和社会上争得了一席之地。

妻子送郎上战场

当“大反攻”开始之际，妇女们除了在后方缝制衣被鞋子，以供军需，还纷纷组织担架队和运输队。

据海阳三个区的统计，“妇女组织担架队三百零六队，运输队二百五十九队”。军区后勤部二分所移防时，仅牙前县观水区的青妇小队就组织了八十余副担架，在四十余里的路程中搬运伤员，有的把肩膀都压肿了，但“她们却欢天喜地地唱着歌，细心地照顾着伤员的饮食”。牙前县林寺区姜格庄青妇小队，奔走在三百余里的路上，不断往前线运送给养。冢后村和北曲村的妇女更是能干，竟运送给养三次。

战争无情，有的村子顷刻之间就变为战场，青年妇女们冒着枪弹上阵抬伤号，护理伤员，表现得异常英勇无畏。乳山县孙大娘在马石山激战中，撇下自己的孩子，冒着枪林弹雨，一连背下四五个伤号。

在支前的女性队伍中，还有一些特殊的身影——兵工厂的工人。如，“工业模范”赵熙彩是兵工二分厂装配班长，从没上过一天学，参军时才十八岁。这个年轻的姑娘干起活来可真是不惜力气，每次抬弹皮都在三百斤左右。在攻打赵保原部的战斗中，为配合前线，兵工厂突击制造炮弹，十几天里，赵熙彩每晚都要工作到12时以后，有时甚至彻夜苦干。

在“一切为了前线”的口号号召下，胶东妇女感于大义，纷纷动员丈夫、兄弟参军。文东县河家村的宋桂云新婚刚三天，就动员丈夫上了前线。黄埠岭村许连芝的丈夫在外干活，当她听到“好妇女要劝郎上战场”的口号，马上就去动员丈夫参军了。乳山县北地道湾村的宋悦花与南地道湾村一个民兵刚刚订婚，她就跑到未婚夫家去，问：“我想来送你去参军，你去不去？”男方说：“如果你同意我就去。”宋悦花马上掏出二十元钱，作为送郎上战场的礼物。牙前县观水区大壮村的尹在兰费了三天的工夫，终于劝服她的哥哥参军。

在一次参军大会上，郭城区簸箕掌村青妇小队向民兵们使出了“激将法”：“你们若去参军，我们妇女保证不扯后腿。”受此激励，于连芝带领二十余名青年当场集体参军。

据胶东妇联在1945年的不完整统计，妇女动员男子参军的共计一千三百七十七人；妻子送丈夫参军的六百零一人；母亲送儿子参军的六百四十九人。

扛枪参战大无畏

战争中，除了在后方支援前线，由青年女性组成的青妇小队们巾帼不让须眉，日夜练武，学习埋雷、掷弹、射击，她们投入了实战，战绩可圈可点。如，海阳小滩的孙玉敏在反“扫荡”中，击毙日军十七个，陈桂香的青妇小队在1945年春天埋雷炸死日军九个。

这些英勇参战的女性中，有许多人为国捐躯。据统计，十四年抗战中，在对敌斗争中牺牲的胶东妇女，仅区县级以上的干部就有五十七名。

1939年，胶东区委党校、胶东大众报社机关在莱州河南遭遇日伪军包围，十五名妇女干部与敌人拼死搏斗，壮烈殉国。

1943年，西海妇联会长彭云同志，为了不被敌人逮捕，以手榴弹与敌人同归于尽。

蓬莱的苗雨明同志不幸落入敌手，受尽严刑拷打，始终不屈，壮烈牺牲。除了这些青史留名的烈士，在敌人每次“扫荡”和“清剿”中英勇牺牲的女性，还有很多。

（本文选自《烟台日报》）

柔女子曾是抗日小兵

文/王　峰

积极投身抗战组织

一个酷热的午后，我们走进了寿春路市委宿舍大院，找到了抗日女战士徐蔼庭。徐蔼庭，虽然出生在苏北盐城，但还是透出江南女性柔美气质。徐老告诉我们，她的父亲是一位私塾先生，二哥也在盐城小学教书，算是出身书香门第了。虽然是个女儿家，但是父辈的教导也让徐蔼庭一直与书为伴，就这样，一直到日本军国主义入侵。

“如果没有日本鬼子的侵略，我可能会一直读书下去，说不定还会是个不错的教员。”徐老回忆道，1937年，八一三结束后，日军大肆入侵我国华东地区，尽管江苏盐城一带暂时没有被日军占领，但当地的形势已经非常紧张，徐蔼庭的读书生涯也就时断时续了。

徐蔼庭告诉我们，1939年春天，新四军在苏北开展抗日武装活动，旗下的民运队也积极向群众宣传抗日政策。在民运队中有不少女同志，个个飒爽英姿，令当时只有十一二岁的徐蔼庭羡慕不已。由于新四军民运队的工作卓有成效，当地的群众被积极动员起来，很多女孩子都改掉了“裹小脚”等封建陋习，甚至在当地盛行的包办婚姻也被取缔了。不久，陆续建立起了儿童团、少年队、青年工作队、妇救会等组织。徐老介绍，她从开始就陆续担任儿童团、少年队、妇救会等组织的相关负责人。所谓的这些组织，当时主要的工作就是支持共产党、新四军，为抗战服务，做好抗日宣传活动，协助征集军粮等工作。

“可能是我的性格开朗吧，民运会的领导也说我活动能力强。”在当地，热心参与抗战组织的徐蔼庭也算是小有名气。就因为这样，徐藹庭成了日伪军眼中的“危险分子”。

多次遇险　差点被抓

随着日本侵略的不断深入，徐藹庭的家乡盐城的抗战形势也日益复杂，除了原有的新四军外，国民党也妄图恢复当地的统治势力，日军、伪军也频频来此活动。敌人不仅想消灭新四军游击队，更想对妇救会等抗日群众组织进行打击镇压。错综复杂的斗争形势使得徐藹庭的工作充满了危险。

徐藹庭回忆，1941 年下半年某一个清晨，伪军下乡企图捉拿她和农抗会洪主任。洪主任与徐藹庭家只有一河之隔，为了成功追捕，伪军兵分两路，直扑过来。“那天是清早，我正在家睡觉，忽然听见邻居敲打我的窗户，喊我快跑……”徐藹庭被这一声呼喊惊醒，立即起身，打开后门，沿着田间小道拼命奔跑。伪军见屋里没人，后门洞开，便迅速追击过来，向着前面徐奔跑的身影射出数发子弹。奔跑中的徐藹庭耳边不时响起枪声，子弹激起的水花溅到了身上，那时候分不清是水还是汗……在前方的一座磨坊里，徐藹庭扯下一块白布巾包在头上，围上腰襟，假装舂米磨面。此时的伪军追到了身边，只发现有一名磨面的农妇，那边传来了洪主任被抓的消息，伪军便作罢掉头离去……

说完这次险情，徐藹庭接着又告诉我们另一个遭遇。1945 年春，抗战快结束了，徐藹庭前往敌占区一户人家召开一次妇女座谈会。会议进行到一半的时候，在外面负责警卫的同志忽然闯进来，告诉大家有伪军。原来这队伪军是回据点的，正好路过这里，因为伪军头目与户主熟悉，就顺便过来坐坐。户主发现逐渐走近的伪军，急出一身冷汗，赶紧迎上前去想以请伪军去馆子吃饭为名支走他们。然而伪军头目说吃饭还早，坚持先到家里坐坐。堵截没有成功，眼看着敌人越来越近了。“后来怎么样了？”记者忍不住问道，徐藹庭擦了擦眼镜，接着说道：“没办法，只有跑了。我们打开后门，跑到一条小河边，也来不及脱衣服，直接蹚水过去，隐蔽在一处茂密的芦苇丛中。直到天渐渐暗了下来，大家这才脱离了危险。”

盐城巧遇新四军“大干部”

抗战斗争是残酷的、危险的，但也不全部都是枯燥的。在徐藹庭十三岁那年，遇到了一个让她至今难忘的人。

20 世纪 40 年代初，蒋介石悍然发动了震惊中外的皖南事变，为了继续抗日，中共中央和中原局于 1941 年 1 月 20 日，在苏北重新建立新四军军部，地点就在徐藹庭的家乡盐城泰山庙。

徐藹庭

1941 年春节，十三岁

盐城陈家港战斗中的新四军三师八旅警卫一连战斗奋勇队

的徐蔼庭住在盐城姑妈家。徐老回忆，听说泰山庙驻扎了许多新四军，已是乡妇救会干部的徐蔼庭拉着表姐去看新四军。“正规军就是不一样，唱着军歌，唱着《三大纪律八项注意》，大家围成圈蹲在一起吃饭，军纪很严明”，徐老笑着回忆当年看到的情景。那些在徐蔼庭眼里的新四军和平时乡里的游击队是不一样的，有的骑马，有的骑自行车，电话声不断，显得很忙碌。

就这样，徐蔼庭和表姐就这么冒冒失失地走进了军部大院，正准备朝里屋行进时，门口的哨兵拦住了她们的去路。“让孩子们进来吧！”这时里面走出来一位“大干部”，徐蔼庭仔细打量发现，这位领导瘦高身材，一身灰布军装，正微笑着朝她们招招手。走进办公室，徐蔼庭发现桌子上放着一沓报纸，“《江淮日报》？”不自觉地从嘴里读出来。“哦？小姑娘还认识字？上过学的吧？”这位领导对此略有些意外，因为在那个战争年代，能读书是很不容易的事，女孩子读书更是难能可贵。徐老后来才得知，这位在泰山庙遇到的“大干部”就是重建后的新四军政委刘少奇同志。

梦里依稀曾经的战斗岁月

抗战结束后，徐蔼庭经指导员的介绍，光荣地加入了中国共产党，并于次年经组织调遣，来到了邻乡王家湖完全小学教书。1948年，也就是淮海战役那一年，淮海区党委要求派一批干部前往安徽工作，徐蔼庭毅然接受了组织的安排，没有告诉家人便直接前往安徽。虽然后来远离了部队生活，但抗日战争的那段岁月至今让徐蔼庭无法忘怀。

“我现在还经常梦到当年和乡里的同志纳鞋底、征收军粮的日子。”说到这，徐老若有所思，如今硝烟早已散尽，和平的曙光普照神州大地。我们只有发展自己，强大自己，才能让那段屈辱的民族血泪史不再重演，祖国和民族发展的前景才会永远灿烂辉煌。

（本文选自《合肥晚报》）

一个老兵回忆新四军敌后抗战

文/顾　烨

从戎——好男儿当兵去

1938年的6月，江南新四军第一支队二团团长王必成（1955年被授予中将军衔）率部东进，来到戎克勤的家乡——常州武进戎家村一带进行抗日斗争。

新四军向广大群众宣传抗日，尤其号召青年参加抗日。他们办了夜校，当时只有十八岁的戎克勤和周围村子的年轻人每晚都聚在一起，听新四军讲抗日。

“七个晚上后，我们明白了不当兵就要当亡国奴的道理。为了能够过上好日子，我们得把日本鬼子赶出中国去。”戎克勤回忆起当时在夜校的日子时说道。

1938年7月，四十九名年轻人来到了江苏丹阳，参加了丹阳抗日自卫总团。9月，他们又来到茅山一带找到了新四军第一支队二团团部，被安排住在一个祠堂里，下面铺的是稻草，上面盖的也是稻草。

第二天，王必成来看望，还风趣地说：“你们盖的可是金丝被！”大家一听，都乐了起来。

第三天，团部宣布这四十九名青年人编在二团特务连三排，戎克勤成了一名抗日战士。

奇袭——以弱胜强速战速决

1939年秋，戎克勤所在的三营九连安扎在武进、丹阳交界处的一个村子。侦察员了解到日军日前从丹阳、常州调了两百多人集结在附近的奔牛镇，分乘七辆汽车到西夏墅集中，准备次日天亮前“扫荡”丹阳方仙桥一带的游击队。

连长决定打一场伏击战，地点选在了陈巷桥村。晚上8时，大家隐蔽在村南的坏土墙、田埂、坟墓旁，全连唯一的一挺白朗宁轻机枪被安排在最前头，任务是指挥战斗，将日军第一辆汽车的驾驶员打死，扫射敌人，控制局面。

陈毅率领新四军第一支队进军苏南

不到9时，大家就听到了公路上传来的汽车声，日军七辆汽车前后距离不到一百五十米，向伏击圈开来。

这时机枪响了，伏击正式开始。大家按照作战顺序打完两排子弹，两百多个日军一下子被打蒙了，一点声音都没有。前后不到二十分钟，就结束了战斗。

戎克勤说："当时连长命令不许清扫战场，迅速撤离，等我们走出不到一里，听到后面汽车上的弹药爆炸了。"第二天，听当地老百姓讲，两百多个日军只剩下了十几个，而新四军全连只有一名战士负伤。

游击——不怕苦不怕死

南京是日本侵华期间日伪统治的中心，城内军警宪特机关林立，周边频遭"清乡扫荡"，新四军的条件非常艰苦。

当时"吃"是个大问题。由于游击作战很难获取食物，战士只能到池塘里摸螺蛳、河蚌等吃，普遍营养不良。1944年春，连里许多战士拉肚子，卫生员每到一地，都要到老百姓家里收集鸡蛋壳，洗净放在锅里炒，碾压成粉状，用来治疗肚子胀和不消化。

住的条件也相当艰苦。当时新四军大部分战士宿营在山上，一到春、夏、秋季，各种虫子到处乱爬，咬人的蚊子也让人难以入睡。而到了冬天，大家就三五成群地围在一起相互取暖。

因为敌人封锁，物资奇缺，军人的衣物及各种生活必需品常常不能按时发放。戎克勤记得，由于没有牙粉，只好到老百姓家的香炉里蘸香灰刷牙。如果负了伤，就用碘酒止血，再抹点凡士林。有时连凡士林都没有，就用肥皂水注入纱布，敷在伤口上。

虽然条件艰苦，可是新四军全体指战员没有一人当逃兵。戎克勤说："困难反而激发起战胜困难、团结抗日的必胜信念。我们最喜欢的事，就是每天在一起唱歌，比如《游击队之歌》《大刀向鬼子们的头上砍去》，多带劲啊！"

不仅如此，每天下午5时以后，新四军都会派战士到各村活动，让老百姓知道新四军和他们在一起。戎克勤说："老百姓每次看到我们，都非常高兴。他们说，抗战一定很快就会胜利，总有一天，中国人会把日本鬼子赶出去。"

（本文选自中国新闻网，作于2010年）

我是一个“小八路”

文／武玉笑

今年是抗日战争胜利60周年，回想起我当“小八路”的情形，至今依然心潮澎湃。那时我还是个很小很小的，无依无靠的，经常啃着麻草根、野榆钱和野酸枣的野孩子。父亲早逝，母亲改嫁，亲兄（已去世）和堂兄在刨荒，我为糊口给财主家放羊。有一天饥饿难忍，我偷吃了财主树上的红枣，被狗腿子们堵在树下痛打了一顿。沿门行乞讨要的残酷活法我不会，于是，跑到镇上八路军兵站第二办事处讨要一口小米锅巴吃，一位姓孙的矮个子副官收留我参加八路军。当时我还不到十二岁，个头还没枪杆高，就担任一位首长关政治委员（四川人）的小勤务兵，随着部队跨过黄河开至晋绥地区抗日前线。由于日军疯狂轰炸，实行惨无人道的“三光”政策，我们兵站办事处经常日夜行军大转移。我人小跑不动，加上两腿长满了脓疱和疥疮，行军更加困难。白天我为关政委打水、打饭、送文件，首长夜夜点着火堆，帮我擦洗、上药、烤疥疮。白天行军，我背着粮袋和水壶，首长总是先把我抱上他的马背，然后再跨上马鞍驮着我走，我常常在马背上打瞌睡。到目的地，他先下鞍，再把我抱下马。首长实在太劳累，故上级调他回延安，他果断决定将我带到延安去。一路上，首长还是把我一站站地抱上马背，让我紧紧搂住他的腰，又一站站地先下马来，再将我抱下马，我常常感动得暗暗抹眼泪。怎么能不抹眼泪呢，是我侍候照顾首长，还是首长反过来侍候照顾我这个娃娃兵？人与人之间这般的爱、这般的亲，

除了革命队伍里，世上哪还有呢？

1940 年，我到达延安，当踏上这片当时极为贫瘠但又充满革命精神、歌声嘹亮的土地时，我高兴得不得了，连走路都像小鹰展翅飞翔一样！我离开了关政委，先后调到七里铺国民革命军第八路军十八兵站总部副官处、供给部秘书处担任勤务兵。当时，我自认为我无疑已是一名正式的“小小革命者”了。白天，除了给首长清扫内室、打水打饭外，就是操练、跑步、拼大刀（小同志用的刀片是木制的）、捻毛钱、识字、打球、学唱歌，《三大纪律八项注意》的歌词我记得滚瓜烂熟，生活虽艰苦，但觉得很自豪！

记得 1942 年，也是这样一个初夏，朱德总司令（我们八路军里当时最大的官，号称“朱老总”）突然到我们十八兵站总部所在地延安七里铺来打排球。总部副官处的副官主任指定要我这个小鬼担任这天比赛的裁判。朱总司令可比我在晋绥前线侍候的关政委官要大得多！但我知道，球场上的规矩和“三大纪律八项注意”一样是“铁的纪律”，可不管官大官小。我鼓起勇气走进排球场，给朱总司令和供给部的首长们当裁判。

朱老总是新手，手脚笨重，拦网和扣球不是打到对方的手，就是踩线，我罚了他好几个球，弄得老总总是憨厚地、不好意思地笑了。场边看球的警卫员勤务兵以及通信连的战士，一直朝我摆手挤眼做暗示，要我别再给老总胡乱吹哨，而我直不愣登地跑得满头大汗，哪能顾得上这些呢！中午吃饭时，部长、副官主任、秘书长们陪同老总，在一间小土平房里围着一张光板方桌，我同另一名勤务兵张志英各端满满一面盆油炸豆腐粉条烩萝卜放在桌上，老总他们从桶里盛着小米干饭，“呼噜呼噜”地吃了起来。我悄悄盛了一碗饭菜，脱下一只麻鞋垫着屁股，远远地靠在墙根下坐着也吃了起来。

“小鬼，过来，过来……”朱老总咧着大嘴笑嘻嘻地用筷子勾着我说，“怕个啥子哟？我是总司令，你也是我的总司令嘛，你是球场吹哨给我下命令裁判我的总司令！罚我罚得好，罚得有理，罚得公道！来来来，我奖你……”他边说着边夹起一大筷子菜，要我伸过碗去接。他还说：“娃娃家，正在长身体嘛。奖给你——”我只好从墙根底下站起身，尴尬地把碗伸过去。朱老总连着给我夹了满满两大筷子，说：“奖就要奖个实在嘛。”在首长们的笑声中，我的脸涨得通红。

端着这一碗尖尖的盖着粉条油豆腐的小米干饭，我“呼噜呼噜”地吃了个痛快，吃得很香。在我记忆里，当时这样的上下级关系、干群关系、总司令和小兵的关系，是世界上人与人最平等、最民主、最自由、最友善的关系了，除了延安，天底下是没有的！如今，我已步入老年，常常喜欢回想起少年时代在革命圣地延安感受到的那种革命者心灵的“纯净”与“透亮”的美……

（本文选自《甘肃日报》，作于 2005 年）

八路军一一五师在山东

文／彭圣学　陈德溪　李占江

自 1939 年 3 月，罗荣桓与陈光率八路军一一五师主力到达山东以后，在山东抗日根据地坚持战斗七个年头，其中，在莒南县驻扎长达四年半。如今，谈起一一五师在莒南那些往事，当地的老人记忆犹新。

军民亲如一家人

在莒南县大店镇有一座气势雄伟的明清地主庄园——庄氏庄园，八路军一一五师司令部旧址就坐落在这片庄园里。从 1941 年 3 月起，八路军一一五师司令部和山东党政军领导机关便长期驻扎在这里。大店一度成为当时山东党政军指挥中心，被称为山东的“小延安”。那时候对莒南县的群众来说，闻名全国的革命家罗荣桓、朱瑞、陈光、黎玉、萧华、谷牧的身影就像普通街坊邻居那样寻常。

1937 年 8 月，宁学武由总后勤部调入八路军一一五师，曾任罗荣桓的医务护士，和罗荣桓在一起工作了两年多。他说：“罗荣桓经常教导我们，要像对待自己的亲人一样对待群众。不管住哪个村庄，年纪大的就是自己的父母；同年

罗荣桓（左一）在山东梁山前线用缴获的炮队镜指挥作战

1941年夏，山东分局书记朱瑞（右二）和罗荣桓（左二）、黎玉（左三）、萧华（右一）、陈士榘（左一）、赵镈（左四）在山东滨海区的合影

龄的男的就是亲兄弟，女的就是亲姊妹；小孩就是自己的孩子。我们和老百姓永远都是一家人。”

大店九村八十多岁的王玉香，当时还只是个十五六岁的少女。在她的记忆中，部队里的干部和战士都没有丝毫的架子，见到谁都点头微笑，“经常帮老百姓干活、扫院子、挑水。每当战士外出执行任务，总是把老百姓家里的水缸灌得满满的”。

莒南县筵宾镇下河村位于大店镇南五千米处。1945 年六七月间，罗荣桓夫妇、黎玉、萧华等先后两次住在下河村长达四十多天。罗荣桓夫妇曾经住在滕东余家里。滕东余老人回忆，1945 年夏季反“扫荡”期间，罗荣桓因疲劳过度，尿血症加重，医护人员用甲鱼汤为其滋补身体。一天，罗荣桓看到房东滕东余的母亲病了，身体很虚弱，立即让医护人员为老人看病，并把为他做的甲鱼汤盛了一碗，亲自端给老人喝，老人十分感动，说什么也不喝，最后还是在罗荣桓的再三劝说下把甲鱼汤喝了。事后，滕东余的母亲逢人便说：“我这次的病，多亏了罗司令，才好得这么快。”

军纪严明、爱民如子的优良作风，让八路军一一五师很快便得到了人民衷心的拥护和爱戴。抗日战争时期，莒南三十多万人口不仅长期供养着山东党政军领导机关、后方机关等工作人员，而且还供养着上万人的人民子弟兵，出人、出钱、出粮，无怨无悔。在莒南工作战斗，时任滨海军区作战科长，中华人民共和国成立后任福州军区副司令员的石一宸，于 1942 年 3 月作了一首《难忘老房东》的诗，这首诗写道：“朔风吹寒屋，血衣刺心骨。新嫂取新被，洗拆忙翁姑。夕阳西山落，温暖如新初。一碗鸡蛋汤，情深透肺腑。”这也是老区人民支援革命的真实写照。

妙用竹竿歼顽敌

莒南县李家桑园村是抗日战争时期久负盛名的“堡垒村”，罗荣桓曾带领一一五师师部七次留驻该村。1942 年初冬，一一五师代师长陈光、政委罗荣桓及朱瑞、萧华等军政领导来到村里住下。为彻底消灭盘踞在相邻三十里之外甲子山上的国民党孙焕彩部，他们住村达半个多月，研究部署第三次甲子山战役。在前两次甲子山战役中，因敌军盘踞山头居高临下火力很猛，给我军造成了很大杀伤。

有一天，时年十六岁的李家述在河边放牛，远远地看见罗荣桓正在河岸竹园边散步，竹涛阵阵，翠竹入云，罗荣桓凝视着竹园，不时驻足沉思……后来，一一五师召集了全村几十名竹匠用竹竿研制送炸药的小车，经过竹匠和八路军干部的巧手妙思，终于用竹竿做成了专炸敌人火力点的炸药车。车子全用竹子做成，前面用一根长竹竿绑着炸药包，竹竿可以调节长短。全村竹匠和八路军战士连续干了一天一夜，制作了三十多辆这样的炸药车，还用竹竿做了八十多副轻便担架。

1942 年 12 月，第三次甲子山反顽战役打响了。战斗中，由三十六名村民组成担架队，用自制的轻便竹担架运送军火、抬伤员。爆破班的战士们推着竹制炸药车在甲子山的山坡和沟底行动如风，迅速接近敌人的火力点，伸出竹竿做的“长手”将炸药包和手榴弹束塞进敌人的碉堡，随着“轰轰”的爆炸声不断响起，敌人的火力点被一一摧毁。英

罗生特

勇的八路军战士迅速冲上山头，用较小的伤亡取得了战役的胜利。甲子山战役的胜利，使莒南成为当时全省唯一一个既无日伪据点又无顽军战区的稳固的敌后抗日根据地。

据统计，十四年抗战中，山东八路军作战两万六千余次，歼敌五十一万四千人，约占我军歼敌总数的百分之三十。

一一五师里的“洋大夫”

1943年秋，罗荣桓尿血症复发，国际友人、奥地利医学博士罗生特被派到山东为罗荣桓治病。从此，莒南的老百姓就经常看见在八路军一一五师的队伍里多了一个“大鼻子的洋大夫”。罗生特在莒南与山东军民同甘共苦，并肩战斗了八百多个日日夜夜，给当地成千上万的人民群众治过病，挽救了无数生命，与山东人民结下了深厚情谊。

“罗生特医术高明，精通内科、外科、妇科、泌尿科，医德非常高尚。”曾经跟罗生特一起工作过的宁学武说。一段时间，当地流行黑热病（俗称“大肚子病”），这在当时是一种不治之症，罗生特凭着自己的高超医术，为不少农民治好了这种病。

1944年8月3日出版的《大众日报》曾专门报道了罗生特为群众治病的事。报道中说：“山东军区卫生部附属所半年来平均每天给十几名老百姓治病。国际友人罗大夫很和蔼地给老百姓开刀……一个大姐患眼疾，经数日治好，大姐和她母亲感激得不知说什么好。”

为提高部队医务人员的医疗水平，在罗生特的倡议下，部队军区创办了卫生学校，罗生特主动担负起卫校的教学工作，将自己的知识和技术传授给战士，培养了大批军医。在莒南县陈家老窝村，他还亲自设计建起了一所占地六十多亩、近百间房屋的战时医院。医院设有内科、外科、妇科、手术室、化验室等，成为山东抗日根据地一所比较正规的战时医院。当时，百姓称这家医院为“罗生特医院”。

如今，在莒南县，人们还为罗生特树起了一尊四米高的汉白玉全身塑像，以表达对他的永久怀念。

（本文选自《大众日报》）

一对老姐妹的抗战记忆

文／柳　田　尤蕴洁

逃离敌占区

参加革命前，姚明和于渤都在济南城的一所教会学校读书。日本人占领了济南，学校被逼教日文，小小年纪便品尝到亡国奴的滋味，不少热血的年轻人都心怀救国之梦。

姚明从小个性要强，长得挺漂亮，朋友拉她去剧团演电影，但她却想当大侠，路见不平，拔刀相助。她每天锻炼，爬城墙，腿上绑上沙袋子，把点心盒子垒起来练跳高，爱看《儿女英雄传》，还计划去五台山访师学武。

于渤年长姚明几岁。看起来温顺的她，当年比姚明更早到根据地。1942 年的一天晚上，她从学校回家，在家门口碰上了一个同学。同学说："我家就在这，走几步就到了。"说着便把她往家里拉。一进院子，于渤见到一个棉袄棉裤短打的人，还觉得有些奇怪："城里人都穿大褂旗袍，这人怎么这样一身打扮？"后来她才知道这个叫"朝阳公馆"的院子，表面上是一个日伪刊物的办公地，实际上是地下党的秘密据点，而那个"短打"打扮的男子，正是中国人民抗日军政大学一分校的政治教员梁克。

"咱想要出去可有办法了！"于渤叫上姚明，先后去了"朝阳公馆"几次。她们了解到，在共产党领导的抗日根据地里，军民如同一家人，同志之间像亲兄弟，讲自由，讲民主，讲平等。要想上学有抗大，有联中；要想当兵打日军，有八路军，有游击队、武工队、民兵队；

姚明与于渤参加革命前与同学的合影

要想工作，有政府机关，有工厂。姚明和于渤便计划着去根据地。

1942 年，两人第一次去根据地，姚明没有告诉家里人。于渤走的时候告诉母亲，要是姚明的妈妈来问，就说什么都不知道。没想到，第一次去根据地时因为没能联系上交通员，最终“出逃失败”。年底，于渤又找了一个机会，终于来到根据地。回忆起离家的心情，于渤笑着说：“害怕？也不怎么害怕，真害怕就不出来了！当时就一个念头——不做亡国奴。”

据统计，通过“朝阳公馆”辗转前往延安等地的进步青年前后有百余位，绝大多数成了抗日和解放战争中的中坚力量，其中就有著名导演胡玫的母亲马旋、前武汉空军副司令李向民、罗荣桓、陈毅的翻译艾森等。

夜渡沂河

1943 年春，于渤回到济南，找到姚明等几位同学，决定一起去根据地。几天奔波后，学生们来到沂河边上一个叫于家庄的地方，这里的村长叫于维平，是八路军的地下交通员，找到他，就能去解放区了。学生们按照约定，在村北郁郁苍苍的树林旁，等待着这个“地下交通员”。姚明至今记得，望眼欲穿之际，远处出现一个手托鸟笼子的人，头上戴一个大苇笠，迈着悠闲的步伐，像在遛鸟。走近了，这人有三十多岁，外披一件蓑衣，内穿蓝布对襟上衣，黑裤子挽到膝盖，着一双醒目的铲鞋，这就是他们等的人——于维平。

于维平把学生们带到自己家里，端上了热菜。五六天来，姚明和于渤第一次吃上了热饭。吃完饭，于维平说，这里不是久留之地。等天黑，他带着她们离开，只要渡过被老乡们称为“阴阳界”的沂河，便是根据地了。

朦胧的月光中，能看到芦苇空隙里的点点水光。5 月的河水还是很凉的，有的地方河水很深，姚明差不多半个身子泡在水里。同行的一位女同学吓得几乎哭出来，姚明一把捂住她的嘴。这时可不能出声啊，日军的炮楼像一座黑黑的牢笼，就在不远处。

许多年后，姚明在回忆录中写道："大家的步子又慢又轻，几乎听不到一点水的声响……走着走着，万籁俱寂的大地上，只听见被徐风吹动的杨柳来回摆动的'嘶嘶'声，只看得见两岸的杨树和垂柳的倒影在月下的河水中轻轻摆动，我沉浸在这宁静之中，好像置身在美丽的仙境里。在这一刹那，什么敌人炮楼，什么家乡的父母姐妹，都被忘却了。"

在沂河的岸边，一望无边的驼色沙滩上，点缀着一个个银灰色的小点，于维平告诉姚明，那是卧睡的大雁。"千万别惊动它们！雁群队伍的前边和后边都有放哨的雁，如果惊动了放哨的大雁，所有的大雁都会飞起来，敌人炮楼听到大雁飞的声音，就会打枪！"他们小心翼翼地绕过雁群，踏上岸边，便进入了解放区的土地。姚明边走边回头看去，落在身后的是一个个湿漉漉的脚印。

革命的道路，就这样开始了。

在报社的日子里

那年，姚明十九岁，于渤二十三岁。

对她们来说，根据地的一切，都是新鲜的。她们参观了向往很久的八路军驻地，听经历长征的红军老干部讲过雪山草地的故事，参观战士的训练和射击表演。让她们感到震撼的是，晚饭过后，看到三三两两的战士给当地老百姓送粪、推车子，当被问到为什么不利用时间学习或散步时，战士们回答说："我们要帮助老百姓，爱护老百姓。"

到了根据地后，由于爱好文艺和写作，姚明和于渤被分配到《大众日报》通联科做内勤记者。"和敌占区的知识青年'毕业即失业'相比，我们一到根据地就能有工作，真是太幸福了。"于渤回忆说。

通联科的工作就是在报社组织稿件，和通讯员保持联系。"他们不来稿，我们就写信去组织他们写，告诉他们根据地当前最需要什么。他们的来稿没有登，就要告诉他们没登的原因。"于渤说。

这里不是与敌人生死搏斗的战场，姚明和于渤觉得自己的这个工作太按部就班，不能接受生与死的考验。但在老同志的教育下，她们慢慢明白了，通联科是党的耳目，当时许多重要情况，都是通过通联科反映给领导的。比如根据地的秋收工作，是从日、伪的老虎口里抢粮，要快收、快打、快藏。但是报社所在的南高庄收粮工作进度慢，群众没组织起来。于渤就写了个稿子报道他们动作不快，希望抓紧。这一登报，村里干部可着急了，《大众日报》是满天飞的报纸，工作不好，一宣传，根据地就都知道了。村干部一下就把群众的工作推动起来。说起报纸的影响，于渤评价它"威力无穷"！

当时的编辑部比不了今天的报社的编辑部。冬天柴不干，一烤便满屋子烟，熏得人直流眼泪。通联科五个年轻同志都没有直接参加过群众斗争，只凭着抗战热情在小小的油灯下开始了新的工作。油灯不能太亮，因为要节约油。字不能写得太大，因为要节约纸。笔倒是取之不尽，买个沾水的笔尖插上高粱秸秆做笔杆，到处皆有，粗细随意制造。

经历反"扫荡"

真正的考验很快来了。

1943年深秋，日军对根据地的"扫

荡”开始了。姚明和于渤被组织上送到日照县水木头村的老乡家里“隐蔽”起来，白天在老乡家，晚上跟着根据地的区中队到山上过夜。

有一天，拂晓时分，敌人来“合击”了。她们听着区中队在山上唱起了“空城计”：一连到这，二排到那，假装调动队伍吓唬敌人。虽然打扮成农村人的样子，可怎么打扮还是像个八路军，被敌人发现肯定要暴露。姚明说：“当时很乱，没人顾得上我们，我俩就往山上跑，找个大石头躲起来。手里握着手榴弹，准备万一敌人上来，就与他们同归于尽。”

枪声渐渐稀疏下来。姐妹俩在山上的树丛中趴着，听到老乡们喊孩子回家的声音，接着又看到缕缕炊烟四处升起。她们站起身来，拍了拍身上的泥土，整了整散乱的头发，又向四下观望了一阵，缓步走出林子。上级正在派人四处寻找，一看见她们，叫了起来：“可找着你们了，这就放心了。”她们这才得知，在这次遭遇战中，交通员陈民生英勇牺牲了。

因为敌人三天两头袭击，区委领导决定干脆让姚明他们“插”到敌占区的关系户家里，化装成农村大嫂，头上梳髻，腿上扎了桃红色带子，穿上绣花鞋，帮着老乡干干农活，有特务来了不说话，假装是老乡家人。姚明说：“战时《大众日报》没有铅印，只出油印。我们就天天盼着交通员告诉我们出铅印报了，这样就能回‘家’了。”

在老乡家里躲避时，正好遇上于渤的生日，姚明用地瓜面和仅有的白菜为她做了顿饺子。煮饺子的时候，姚明想，如果交通员来了，非让他吃个饱不可，但是像往常一样，她们失望了。又过了好多天，交通员终于来了。他说，《大众日报》已经由油印改为铅印了。听到这个消息，姐妹俩像孩子一样，高兴地跳了起来，跟着交通员踏上了去区委的大路。那是个有月亮的夜晚，月光下的竹林、沙滩、小溪，分外美丽。

1944 年秋，于渤因工作调动离开了《大众日报》，到《大众日报》的发行部——战时邮局，创办了《山东战邮》。两姐妹暂时分开了，但那一段热血澎湃、生死与共的岁月，成为人生难以忘怀的回忆。

（本文选自《解放日报》）

钩沉历史，是为了走近父辈

文／朱安妮

我父亲朱军（又名朱大鹏）1925年进入西北陆军军官学校学习，1927年加入中国共产党，有十年地下工作经历。上海特科，抗日同盟军，七七工作团，延安枣园、王家坪，四野，重庆舰都有他的身影；安东海校，苏联伏罗希洛夫海军学院，南京海军学院等军事院校都留下他的足迹。

父亲亲历了七七事变。那天，驻守卢沟桥的国民党二十九军奋起反抗日军的战争挑衅，拉开了全面抗战的序幕。隐蔽在该军的地下党组织及中共党员，都参加了战斗，父亲是其中的一个。他当时任教导大队的副大队长，其实是地下党支部书记。在教导大队里有很多共产党员，大队长冯洪国（冯玉祥将军的大儿子）当时也是党员。激战昼夜，日军的一颗炮弹就落在父亲的身边，扎在沙地里，没有爆炸，父亲险些殉国。在敌我力量悬殊的情况下，父亲带着教导大队的学员从南苑突围，和其他部队会合。部队后被整编为国民革命军第七十七军。

1938年，七十七军驻扎在新安，何基沣担任副军长。他找到父亲，提出要改造军训团，父亲建议多招一些爱国学生，加强部队的抗日爱国教育。父亲当时在军训团任教育长，但何基沣并不确切知道他的地下党支部书记的身份，只是有人告诉何基沣：要想改造军训团，要依靠朱大鹏，朱教育长肯定能完成你的任务。父亲也不知道何基沣在此之前，曾借口养伤由周恩来安排秘密到过延安，毛主席接见了他，并根据他的请求，同意从延安选派三十多名干部，到该部做思想政治工作。在何基沣找父亲谈话之后，父亲请示河南省委，建议借机派一些党员扩大力量，适时拉出自己的武装。不久从延安来的干部和河南省委从北京、山东选派的地下党员都陆续到了七十七军，其中大部分被分配到何基沣直接管理的七十七军军事训练部门，在团部、大队、中队担任指导员或辅导员，加上军训团原有的同志，党员已有六十多人。

驻守北平宛平城的中国军队第二十九军奔赴卢沟桥抵抗日军

何基沣的主要卫士李连城也是党员。不久，该团面貌焕然一新，恢复了“铁血剧团”，大唱《大刀进行曲》《到敌人后方去》等抗战歌曲，军训团学员们的抗日爱国热情日益高涨。

父亲长期从事地下工作，在上海和天津特科当情报队长和保卫队队长时，经常长时间地独身面对极为险恶的环境，还从来没有像这一时期那样，将公开身份和秘密身份结合，有这么多自己的同志近在身旁，还有何基沣的暗中支持，父亲当时的愉快心情可想而知。

但是，在抗日战场上，我党和国民党的斗争一刻也没有停止过。此时发生了两件事。一是在七七事变周年大会上，国民党三十六军的顽固派代表发言，大肆鼓吹“一个领袖，一个党”。台下很多人鼓动朱教育长上台发言，父亲以“保卫卢沟桥，保卫统一战线”为题目做了五分钟的激情演讲，军训团中的党员都是很活跃的，就带头鼓掌，顽固派很不得人心。三十六军的政训处处长就问何基沣：“他是什么人？”这是何基沣后来告诉父亲的。何基沣说：“他是我们老西北军的，南苑打出来的，是坚决抗日的。”

二是又有一天，何基沣找父亲去看一封信，信是从中央军校分到军训团的那些人联名写的。他们向冯治安报告，说军训团里头有共产党员活动，朱教育长有纵容“共党”嫌疑。冯治安在信上批道“请何副军长处理”。父亲问：“怎么办？”何基沣讲：“这事好办！给他们每个人晋升一级，派到军官团去当教官，一个都不留！”

7月，徐州会战失败后，大部队撤到了湖北，军训团转移到信阳。确山竹沟镇是豫南特委所在地，彭雪枫此时正好在竹沟。彭雪枫也是育德中学的学生，比父亲低一级。他们知道彼此的党员身份，父亲带着豫西洛阳党组织正式介绍信到竹沟豫南特委接关系。老同学见面分外亲切，一边叙旧，一边商量军训团下一步的工作，他们认为把部队拉出来

何基沣

是有条件的。

父亲回到信阳后，八路军武汉办事处派人和父亲联系，策动何基沣留支部队在桐柏山打游击。部队到桐柏县后，何基沣又一次找父亲，提出准备留部分人成立“七七工作团”，在桐柏山打游击，父亲出任团长。部队的组成是由父亲从军训团每一个中队中抽五名学员，再加上团部和后勤一共七十几个人。同时留了五十条步枪、三挺机枪、两台五寸小炮和十万发子弹，还有十几发迫击炮弹当地雷使。

“七七工作团”名誉上属国民党的番号（何基沣亲手绘制了“七七工作团”的臂章），实质是共产党豫南特委领导的一支武装。何基沣还送给彭雪枫二十支步枪，两万发子弹，叫父亲转交，新四军派张旺午同志带挑夫取走，父亲还带着人送他们二十里地。

这个时期“七七工作团”的主要任务，是在信阳一带宣传抗战，发动群众，收编地方武装，做国民党基层部队的统战工作，打日本小股部队的伏击，部队扩充到近两百人。11月底，危拱之代表豫南特委，来找父亲商讨以“七七工作团”为主力再联合其他地方武装，成立“信阳县挺进纵队”，编制归新四军，“七七工作团”的番号依然保留。团长仍是父亲朱大鹏。

1939年1月，李先念到竹沟后，新四军成立第三团，团长也是我父亲朱大鹏。在这个情况下，父亲的名字就不得不改了，于是新四军鄂豫边挺进纵队第三团团长就成了朱军。2月，先念同志交给父亲一个特别的任务：经延安批准发展何基沣为“特殊党员”，由朱军作为介绍人。父亲又长途跋涉到湖北七十七军军部，找到何基沣军长，先向他公开自己共产党员身份，再说明“七七工作团”已经是共产党领导的部队了，何基沣表示他的目的就是要给延安拉部队。当父亲说中央决定发展他为特殊党员（不参加组织活动，单线联系）时，何基沣异常激动，说没想到党信任他，他还能为党做更重要的工作。在后来的淮海战役中，何基沣、张克侠领导了贾旺起义。

在1938—1939年抗日战争时期，父亲朱军（朱大鹏）在新四军鄂豫边区工作，担任过团一级的领导，在信阳一带进行抗日活动，后成为该地区主要抗日武装之一。

1939年9月，父亲调到延安任职，途经竹沟时，和母亲结了婚，一路同行。这是他革命历程中的一次重大转折。

父亲一到延安，由于他有地下党情报工作经验，很快就被调到军委总参谋部一局（作战局）情报科任科长，后任

处长。局长先是郭化若，后是伍修权，受叶剑英总参谋长直接领导。作为一个老党员，他对自己最满意的评价是：组织信任我。是的，组织信任，是父亲最大的骄傲。

1949年3月，父亲时任辽西军区副司令员，接到命令：接受起义的巡洋舰重庆号。组织上这样安排，同样考虑到了父亲在国民党军队搞“兵运”和统战工作的经验。1949年5月，以重庆舰起义人员为主要师资力量，成立了我军第一所海军学校“安东海校”，政委朱军，校长邓兆祥（重庆舰舰长）、副校长张学思（张学良的弟弟）。父亲和邓兆祥在工作中建立了良好的工作关系和深厚的个人友谊。多年后，重庆舰的老同志见到我们这些子女，回忆往事，都说朱政委是他们接触到的第一个共产党的干部，除了政策水平高，朱政委真诚待人的品格和感召力对他们也产生了深刻的影响。其实重庆舰和安东海校对于父亲来说也是非常重要的。父亲从起义海军官兵那里学习到了很多的海军知识和技术。原海军副司令刘道生在其回忆录中写道：朱军、张学思、李东野等同志，是海军院校的第一批创始人，他们边办学校边刻苦学习海军专业知识。老同志带头学习的模范行动，使整个20世纪50年代成了海军人员学习技术的黄金时代。

为了了解父亲的这段历史，我查阅了许多资料，反复进行研究，钩出沉入时间底层的历史事实，终于完成了这篇文章。随着我对父亲的深入了解，我走进了父亲的内心世界，感受他的品格和精神，这就是：坚韧、忠贞和大气。

（本文选自中华魂网）

白衣战士留美名

——记冀中军区卫生学校医生崔健吾

文/李葆定　冯彩章

1950年8月，由中央人民政府卫生部主办的全国医药展览，在雄伟的天安门城楼上举行。其中，一幅绘画吸引了众多观众：画面上是一位头包羊肚手巾、戴着眼镜的纤弱女子，面对恶狼般围逼过来的日军，毫无惧色，大义凛然，手举石块，奋力击敌，巍然如一棵挺拔的青松。这位女子，就是在抗日战争中英勇牺牲的模范卫生工作者崔健吾烈士。她在负责护送五十余名伤员转移时，不幸被敌人包围。为了掩护伤员，在身负重伤的情况下，她赤手空拳与敌人英勇搏斗，直至生命的最后一息。

1937年7月7日，日本帝国主义继侵占我国东北三省之后，又发动了蓄谋已久的全面侵华战争。卢沟桥的隆隆炮声，把中国人民的心震碎了。正在天津女子师范学院文学系学习的崔健吾（原名崔秀梅），响应中国共产党全民抗战的号召，回到童年离别的故乡——河北省望都县建安村，让弟弟崔静宜去建安村北二里的贾村找到中共满（城）望（都）特区抗日救国动员委员会，要求参加抗日工作。特区党的负责人胡振堂异常兴奋地对崔静宜说："现在正需要干部，快让你姐姐来筹备妇救会！"几天后，崔健吾便到了贾村。从此，姐弟二人一起参加了共产党领导的抗日救国运动。

满望特区当时的主要工作是：发动群众募捐，进行抗日救国宣传，组织抗日武装。崔健吾文化高、文笔好，在满望特区抗日救国动员委员会和满望抗日政府主办的《民运报》担任主编，许多通俗易懂、笔锋犀利的文章都是出自她

之手。这张报虽小，但它揭露了日军烧杀掳掠的罪行，宣传了抗日救国的道理和抗敌前线的战绩，而且出得及时，散发很广，很受大家欢迎。

身为妇救会负责人的崔健吾，除了编辑报纸外，另一项工作就是发动妇女参加抗日斗争。1938年春节，满望特区抗日政府成立，崔健吾正式担任特区政府的妇救会主任。3月间，她出席了在冀中任邱县召开的冀中区妇女代表大会。1938年4月，崔健吾姐弟二人同时加入了中国共产党。

敌后斗争形势复杂。1939年农历二月，县委通知崔健吾和王慧敏去参加冀中军区民抗军。在民抗军政治部，崔健吾负责《民抗报》的编辑工作。这个小报经常刊登国内外时事，报上的时事评论大多是崔健吾写的，那犀利的笔锋，流畅的语言，很受战士们的欢迎。此后，民抗军在八路军一二〇师的帮助下，进行了整编，正式编入八路军序列。为了提高冀中部队人员的思想理论水平，冀中军区决定，抽调一批干部到延安学习。于是，崔健吾和弟弟崔静宜以及王慧敏等，踏上西去的道路。

崔健吾一行从冀中出发，越过数道封锁线，到达晋察冀军区。这时他们才得知，抗大二分校到了晋察冀军区，组织决定，他们留在分校学习，不必去延安了。于是，他们又辗转到达灵寿县陈庄的抗大二分校。但遗憾的是，抗大二分校没有女生队，崔健吾和王慧敏只好由晋察冀军区另行分配工作。崔健吾被分配到阜平县任妇救会副主任，王慧敏到唐县史家庄抗日民族第四中学学习。

1939年10月，随着抗日根据地的逐步扩大和抗日武装力量的急剧增长，部队卫生人员奇缺。为加强卫生工作，培训医护人才，晋察冀军区决定成立卫生学校（后来的白求恩卫生学校）。三分区指名调崔健吾去卫校学习。按照她的知识水平和实际工作能力，完全可能成为一个妇女活动家或党的优秀文艺工作者，学医并非她的志愿和专长，但为了革命工作的需要，她无条件地服从了组织分配。1941年初，崔健吾从卫校毕业，被分配到冀中军区卫生学校任教员兼校医。

1941年8月，日伪军集中七万多人，在飞机的配合下，采取“铁壁合围”“梳篦清剿”等战术，向晋察冀根据地发动了残酷的“大扫荡”，所到之处，烧杀抢掠，尸横遍野，火光冲天。根据地军民在党的领导下，以血还血，以牙还牙，展开了长达两个多月的艰苦卓绝的反“扫荡”斗争。

9月上旬，崔健吾带领五十多名伤病员，疏散到易县西马王村一带山区。

9月12日清晨，天刚蒙蒙亮，一阵阵尖厉的枪声从远处传来。崔健吾得悉“扫荡”的日军正朝着他们所在的方向扑来，便果断决定带领伤病员上山隐蔽。

伤员行动不便，速度迟缓，刚刚爬到半山腰，敌人已尾随而至。那白色的膏药旗在绿树丛中忽隐忽现，刺耳的枪声响在耳边，连日军头上的钢盔都看得清清楚楚。跑是跑不动了，崔健吾沉着机智地先将一部分重伤员隐蔽好，自己带着其余同志，沿着隐蔽的山洼，向西南方向移动。

谁知西南方向的一股敌人，正顺着弯弯曲曲的小路快速地包抄上来。在这生命攸关的危急关头，她沉着地对同志们说：“现在跑已经不是上策了，大家就地分散隐蔽。这里山高林密，敌人在明处，我们在暗处，只要行动机警，敌人是不会发现我们的。”

伤员们在崔健吾的催促下，分散开来，分头找岩洞、树丛，伪装隐蔽。

崔健吾见大家都已安置好，便跑到山口，躲在一棵大树下，机警地观察敌情。眼看着一队日伪军越走越近，明晃晃的刺刀在阳光下折射出一道冷森森的寒光。崔健吾清楚地意识到敌人每往前走动一步，伤病员的危险就增加一分。

“不能再迟疑了！”崔健吾突然跃起身，拼命朝南面山坡奔跑。她故意弄得山石滚落，树丛摇动，把敌人吸引过来。

敌人发现了目标，急忙掉过头，朝崔健吾追来。密集的子弹“嗖嗖”地从她头顶飞过，但她毫不畏惧，继续飞快地奔跑，尖利的石头扎破了脚，她好像没有察觉似的。她只有一个念头：把敌人引开，离伤员隐蔽地越远越好。

突然，一颗子弹打在她的腿上，她趔趄着，扑倒在地，喷涌的鲜血立刻染红了打着绑腿的裤子。

她忍着剧痛，挣扎着撑起上半身，迅速把随身带的伤员名册等文件撕毁扔掉。然后咬着牙，拖着伤腿，艰难地爬来爬去，把周围的一块块石头捡来堆在身边，准备同敌人决一死战。

随着一阵杂乱的脚步声和恶狼般的嗥叫声，敌人围逼过来，崔健吾怒目圆睁，奋力举起石头，拼命向敌人砸去。

包围圈越缩越小。这时，敌人才发现眼前仅是一个受了伤的孤身女子。停止了射击，一把把雪亮的刺刀直逼崔健吾的胸膛。其中一个军官模样的日本兵，将崔健吾上上下下打量了一番，望着她鼻梁上的深度镜片，望着她肩头的红十字挎包，仿佛突然间醒悟了什么。他阴险地笑笑，操着生硬的汉语说：“伤员的有？说出来，皇军大大地有赏，不说，死啦死啦的！”

崔健吾轻蔑地扫视了日本军官一眼，用尽全身力气发出了愤怒的吼声：“强盗，滚开！”随即将手里的最后一块石头向日本军官掷去。

日本军官恼羞成怒，“叽里呱啦”地乱叫了一通。一把雪亮的刺刀凶残地朝着崔健吾的左胸扎去。

英雄的白衣战士崔健吾英勇地倒在血泊中，殷红的热血静静地渗进大地。

在崔健吾舍身掩护下，五十多名伤员中绝大部分安全脱险。他们含泪诉说着崔健吾慷慨就义的情景，对这位年仅二十八岁，富有才华的战友寄予深深的怀念。

反“扫荡”结束后，冀中军区后勤部党委追认崔健吾为“模范共产党员”。

崔健吾，这位八路军女英雄的名字，在晋察冀军民中传颂着。

（本文选自《中国抗日英雄传》）

三晤“草鞋司令”

文/袁锦云

初识“草鞋司令”

1939年深秋的一个早晨，江南茅山南麓的一条羊肠小道上，行进着一支不足百人的队伍。只见他们中间有十几人身着灰色的新四军军服，其余人的着装皆是袖臂上印有“鲁苏皖”字样的灰黄色军装。打头的是一位四十岁上下、中等身材的敦实汉子，此人腰板挺直，足蹬草鞋，腰揣一支盒子枪，黑油闪亮的脸上透着一股豪气。这些人满面征尘，嘴唇干裂着，显然他们历经了长途跋涉。

中午，这支队伍来到了溧水河畔。这里距离新四军第一支队司令部驻地竹篑桥只有二十余里。这时候，只听见“得得得”一阵马蹄声由远而近，说话间，一匹枣红马已到眼前。马上端坐着一位戴墨镜的新四军首长，浓浓的四川乡音使人感到随和、亲切。

“你们是从苏北泰州来的吗？”

敦实汉子赶紧“啪”的一个立正：“报告首长，我们是……”戴墨镜的首长翻身下马，一眼瞧见了那汉子脚上粗陋的草鞋，便笑着说：“你一定是‘草鞋司令’陈玉生啰？辛苦了，辛苦了。”两双大手紧紧握在一起。

这位戴墨镜的新四军首长就是八面威风的陈毅将军，而那敦实汉子正是被老百姓亲昵地称呼为“草鞋司令”的陈玉生。陈玉生当时是苏北地方实力派李明扬、李长江所属的鲁苏皖游击总指挥部三纵队八支队支队长。

陈玉生

这位陈玉生，绝非等闲之辈，十五岁便到上海打工，后因组织工人罢工被巡捕房抓进大牢。1937年又因加入“上海抗日救国会”被上海警察局逮捕入狱。全面抗战爆发后，陈玉生在苏北泰兴组织一帮穷弟兄向地主、富农和国民党乡公所“借枪”抗日，建立起抗日游击队。为表明自己卧薪尝胆闹革命的决心，陈玉生开始坚持一年四季赤脚穿草鞋。不久，游击队被国民党南通保安司令部骗去缴械。陈玉生只身从南通潜回泰兴，重组游击队。1938年，为了有个名正言顺的抗日名分，陈玉生的队伍挂上了韩德勤“通如区右翼指挥部”的番号，无奈之中，陈玉生只得投靠了驻扎在泰州的李明扬“鲁苏皖边区游击总指挥部”，被编为三纵队八支队。不久，中共组织派人到八支队活动。1939年2月，陈玉生秘密加入了中国共产党。

陈玉生此行是有特殊使命的。国民党江苏省政府代主席、鲁苏战区副总司令韩德勤因李明扬与陈毅接触而扣发“二李”弹药。李明扬同乡旧友、国民党三十二集团军副总司令王敬玖允诺送李一大批弹药，但须李派人到江南丁蜀山的三战区军需处提取。李明扬喜忧参半。喜的是军需有了着落，忧的是从泰州到丁蜀山六百余里，行程曲折，日军在这一路设置了五道封锁线。李明扬斟酌再三，只得借助新四军的力量了。于是，他给陈毅修书一封，恳请新四军帮助护送这批弹药。陈玉生正是送信的“信使”。这位苏北农民的儿子耿直、勇敢、能征善战，深得李明扬的信任。但李明扬并不知道，陈玉生此时已是中共地下党员，投奔新四军是他的夙愿。陈玉生听说让他送信，喜出望外，这正是回到党的怀抱的极好时机。

握着陈毅宽厚的大手，陈玉生心中顿生一股暖流。他没有想到，这位令日军闻风丧胆的将军竟是这样平易近人、和蔼可亲。

陈毅微微笑着：“陈支队长，弟兄们都到齐了吗？”

“报告陈司令员，出发时我们是一千五百余人；途经扬中，我拜会了挺进纵队的管文蔚司令员和张开荆参谋长，管司令提出要缩小目标，我便将大部队留在扬中老郎街，张参谋长特此派了挺进纵队熟悉地形的一个连给我们带路同行。”陈玉生边说，边掏出李明扬的亲笔信和送给新四军伤病员的五千元慰问金。

“我已收到电报了。谢谢李总指挥的慰问金。”陈毅接过信，笑着向大家挥挥手：“各位一路辛苦了。团结抗日就是一家人嘛，新四军一定会帮助你们运回这批弹药。请大家先到司令部一洗征尘吧。”

陈玉生依依不舍地握着陈毅的手，好像有一肚子话要说。陈毅拍拍陈玉生的肩，豪爽地笑道：“我知道你要说什么，来日方长，就此告辞。”陈毅跃身上马，疾驰而去。

这次短暂的相会，虽未多谈，但陈毅司令员非凡的气度，在陈玉生脑海中留下了极其深刻的印象。

“拒绝”陈玉生

陈玉生在粟裕和刘炎、钟期光、陶勇、卢胜的帮助下，从国民党三战区军需处取出弹药，回到扬中老郎街。听说陈毅司令员正在扬中，陈玉生大喜。在茅山因匆忙，未能向陈司令员表露参加新四军的愿望，现在子弹运回了，八支队又全部集中在这里，该是谈这件事的时候了。于是，陈玉生顾不得长途行军的劳顿，立马赶去求见陈毅。

在陈毅住处的大厅里，新四军挺进纵队政治部主任陈同生正在给机关勤杂

“草鞋司令”陈玉生纪念碑

陈　毅

人员上课。大厅的西侧陈毅与两个新四军干部模样的人在谈话。陈玉生也顾不得许多，“噔噔噔”地疾步上前，高声喊道：“报告！陈玉生到！”

陈毅呵呵大笑：“我们的‘草鞋司令’到了，快坐，快坐。”正在和陈毅谈话的两位同志笑着退了出去。

“怎么样？”陈毅关切地问，“沿途还顺利吗？”

陈玉生一口气向陈毅汇报了领取子弹的经过。

陈毅始终静静地听着，脸上露着微笑。他拿出一只白搪瓷缸，倒上水，递给陈玉生：“慢慢说，慢慢说，喝点水吧。”

“司令员，让我和八支队加入新四军吧！”陈玉生迫不及待地请求。

“加入新四军？你‘草鞋司令’早就是我们的人啰。”陈毅朗声大笑。

“不，我不想回去了，我要留在司令员身边。”

“留在新四军？那怎么行！”陈毅的笑容收敛了，“玉生同志，明扬请我帮你把子弹运回去，现在好，你把子弹运到我这里，人也不回去了，李明扬会怎么想？这不利于抗日统一战线嘛。”

陈毅站起身来，在大厅踱着方步，说：“玉生同志，你的心情我能理解，但你有没有想过，假使你不回去，李明扬就要讲新四军不讲信义，竟然把他的人和弹药扣下，我陈毅和他的关系闹翻事小，影响团结抗日事大。”

“再说，李明扬这个人，”陈毅话锋一转，“他毕竟和韩德勤不同嘛。他不是蒋介石的嫡系，长期受蒋的排挤，是我们可以团结的力量嘛！我们要在苏北建立抗日民主根据地，团结好李明扬是举足轻重的一着棋呵！”

陈毅一番话深深打动了陈玉生。他低着头，不好意思地说：“司令员讲得对，不过……”

“不过什么，有话直说嘛！”

“不过，这几天八支队同新四军一起出操唱歌，都搞红了。老百姓也传开我陈玉生早在新四军了，就怕回去和李明扬不好处啊！”

陈毅哈哈大笑：“玉生同志，李明扬不是有十个纵队吗？为什么不派别人，偏偏派你陈玉生？就是因为他知道你同新四军有关系，知道你‘红’，才派你来的。现在你把他的任务完成了，回去还做你的支队长，有什么不好？不过，你以后还是要处处提高警惕，要防止人家缴你的枪啰。你过去不是在南通被缴过械吗？吃一堑，长一智嘛。”

“我听司令员的。”陈玉生看看天色渐晚，便起身告辞说：“不打搅司令员了，我回去啦。”

“坐下，坐下！不要这么急嘛，”陈毅朝窗外望了望，“哦，下雪了！”

天空灰蒙蒙的，飘着柳絮般的雪花。

陈毅指着陈玉生的脚，说：“玉生呵，天气这么冷，你怎么还赤脚穿草鞋呢？”

“已经习惯了，从拉队伍那天起，我就一年到头赤脚穿草鞋。”陈玉生笑着回答。

“那怎么行，天这么冷，会把脚冻坏的。”陈毅动情地说。

这时候，大厅的课也上完了，从大厅东头走过来一个通信员，二十来岁，笑起来一对小虎牙十分可爱。

陈毅对通信员说：“小王，你立刻上街去给陈支队长买一双鞋子和袜子！”

“是！”机灵的通信员捡起一根稻

草对着陈玉生的脚比画一下，笑嘻嘻地出去了。

陈玉生心里很是激动。

陈毅语重心长地说："玉生啊，身体是革命的本钱，我们共产党人提倡艰苦奋斗，但是艰苦奋斗不是要搞垮身体。抗战没有好身体是不行的。一个人的思想和素质都很好，但是如果不能走路，那不影响工作吗？"

鞋袜很快买来了。挺进纵队政治部主任陈同生也跟着端来一盆热水，说："来吧，陈支队长，快洗洗脚吧！"

陈玉生热泪盈眶。他想不到，一个驰骋沙场、军务繁忙的新四军司令员竟是这样无微不至地关爱自己。陈玉生穿好鞋袜。陈毅又对站在一旁的通信员说："小王，去把叶飞同志请来！"

经陈毅介绍，陈玉生认识了挺进纵队副司令员叶飞。陈毅对叶飞说，"陈玉生的八支队，虽然名义上隶属李明扬部，但今后在军事上你要和他多加联系和指导。"

叶飞趋步上前紧紧握住陈玉生的手，说："今后咱们便是一家人了。"

翌日，陈玉生率部押运弹药渡江回泰州，得到李明扬的嘉奖。

"草鞋司令"归队

半年后，李明扬、李长江部受韩德勤挑唆，与新四军反目，郭村战斗打响了。

郭村战斗前夕，李长江突然下命令欲调陈玉生的八支队进驻泰州，担任城防，并许诺陈玉生"城防司令"的头衔，但遭到了陈玉生的断然拒绝。为此，陈玉生特地派专人向叶飞报告此事。战斗开始后，陈玉生奉叶飞命令，率部起义参加了郭村保卫战。枪林弹雨中"草鞋司令"又一次威名大振。

战斗结束后，陈玉生知道陈毅也在郭村，于是特地穿上鞋袜去见陈毅。在指挥部，陈毅第三次会晤了陈玉生，两人谈了很长时间。临别时，陈毅笑着对陈玉生说："这回我可要把你这员虎将留下了。"

陈玉生以为陈毅在开玩笑，连忙笑着说："司令员，我想通了，留在三纵队也照样打日本。"

"不，我是说真的。这次你对李明扬反戈一击，还能回去吗？"陈毅严肃地说，"组织上经过研究，决定让你回到队伍上来。"

喜从天降。陈玉生大张着嘴，高兴得一句话也说不出来。

几天后，陈毅正式电告李明扬："陈玉生的八支队我留下了。其实，他的部队早已是我们共产党的游击队，只是挂了你的番号，是一支不穿我们军装的新四军。"

这样，陈玉生和他的八支队便全部留在了新四军。当陈玉生在操场上和战士们一起跟着小虎牙通信员学唱"东进，东进，我们是铁的新四军"时，百感交集。他想起自己走过的坎坷不平之路，想起与陈毅司令员的三次相见，想起陈司令员买给自己的鞋袜，这个血性汉子终于有了一种回家的感觉。

不久，陈玉生部被编入新四军主力序列，为新四军苏北指挥部第三纵队第八团，陈玉生任纵队副司令员。

（本文选自《铁军·纪实》）

抗美援朝中的常胜将军

文/程　娟

吴信泉

从1950年10月19日至1952年11月6日，吴信泉率领志愿军第三十九军，在朝鲜经历了七百五十多个日日夜夜，从鸭绿江边一直打到“三八线”以南的汉城，经历了五次战役和阵地防御作战，与兄弟部队一起打败了“联合国军”和李承晚军，共歼敌六万多人。吴信泉“能打仗、会打仗、智勇双全”，是一位名副其实、无坚不摧、无敌不克的常胜将军。

云山之战，首战告捷

1950年10月，“联合国军”长驱直入，兵锋直指中朝边界。“联合国军”总司令麦克阿瑟狂妄地叫嚣：“要在感恩节以前，饮马鸭绿江，占领全朝鲜。”

吴信泉奉命入朝作战，被任命为中国人民志愿军第三十九军军长。

10月19日晚，即美军占领平壤的同一天，吴信泉率部分三批由安东（今辽宁丹东）、长甸河口秘密渡过鸭绿江，向预定的作战地区开进。

进入作战地区后，该军一一七师奉吴信泉之命，在宁边以西一带抓获了两个美军哨兵。经审问，得知美军第二十四师已进至宁边、博川一带。吴信

泉立即将敌情报告志愿军司令部（以下简称志司），同时部署兵力。

26日上午，志司电令第三十九军包围云山之敌。吴信泉与军里其他领导围着地图研究，确定了包围云山、阻敌北进的战斗部署。

此时，美军前线指挥官、第八集团军司令沃克，为稳住阵脚，被迫将布置在第二线的美军骑兵师第一师第八团调出，从石仓洞方向开进云山，接替李承晚军第一师主力任务。

美军骑兵师是美军的一支王牌部队，在两次世界大战中皆为美军的常胜师，号称一百六十年来从未打过败仗，其装备现代化水平亦居美军之首。此时开进云山的第八团是该师的主力团。该团进入云山后，便与李承晚军第一师十五团连续三昼夜向温井里方向进攻，不惜一切代价，企图北进增援。

11月1日10时，吴信泉接到彭德怀的电话指示："四十军于今日拂晓肃清了温井里和楚山的李承晚军第六师主力，于今晚将协同三十九军围歼云山之敌。"

吴信泉听完彭德怀的指示后，心情非常激动。他立即召集军里其他领导和军部作战参谋人员，再次研究部署。他用手指敲打着地图上位于朝鲜平安北道中部的云山，对大家说："云山是个仅有千户人家的小城，周围群山连绵，但这里公路、铁路纵横交错，是重要的交通枢纽和军事要地。现在守敌是美军精锐部队骑一师第八团和伪一师十五团。这几天，我们已经与他们进行多次交战，对敌人的情况已经基本摸清。刚才，彭总来电命令我们歼灭这支敌军。我们要坚决完成任务，打好这一仗，打出我们志愿军的威风和志气！"

吴信泉命令一一六师自云山西北向东南进攻；一一七师三五一团以急行军于2日拂晓前进占云山至球场公路，阻击从东面逃窜的云山被围之敌；命令一一五师三四三团坚决阻击向云山增援的美骑一师第五团，并切断云山之敌的南逃退路；三四五团由云山西南发起进攻，三四四团仍置于泰川北，粉碎美二十四师抄志愿军后路的企图。

吴信泉最后宣布："19时30分，对云山守敌发起总攻！"

发起总攻前四小时，前沿侦察员突然发现，云山街附近敌人运动频繁，云山外围敌坦克、汽车、步兵开始向后移动。

吴信泉接到此敌情后，从凳子上一跃而起，走到作战地图前，用手往云山的位置一指："想跑？没那么容易！"

17时30分，随着吴信泉一声令下，志愿军提前发起总攻，信号弹在暮霭中腾起，各种火器发出的声响震荡山谷。担任攻城任务的一一六师以两个团的兵力从正面发起冲击，与敌争夺制高点。战至黄昏，配属三十九军的炮一师二十六团及军属火箭炮营进入阵地。在隆隆的炮声中，战士们越过山沟、堑壕，冒着密集的炮火前进，直插云山街内。战斗进入短兵相接的巷战阶段，后续部队冲入街内，用爆破筒炸毁敌人当作堡垒的重型坦克，用刺刀、手榴弹消灭拿着卡宾枪依托房屋进行顽抗的敌人。

美军从未遇到过如此神速的猛扑，争先恐后地沿着公路逃跑。志愿军一一五师三四五团抢占了诸仁桥，切断了敌人退路，将美骑一师八团三营营长奥蒙德少校所率的两百余人严严实实地围困起来。2日晚，该敌在飞机、坦克支援下，拼命突围，志愿军三四五团与之激战数小时，将奥蒙德击毙，全歼二百余名美军。

同时，吴信泉命令一一六师、一一七师追歼南逃之残敌，一直将敌追至清川江南岸，直到接到志司命令后才停止追击。

11月4日，云山战斗结束，提前两天完成第一次战役的任务，共歼敌两千余人，其中美军一千八百余人，击毁与缴获各种火炮一百一十九门、坦克二十八辆、汽车一百七十余辆，击落和缴获飞机七架。

彭德怀在战役总结会上说："我们志愿军入朝第一个战役，胜利了！此战役共歼敌一万五千八百多人……我们不只打了李承晚伪军，也打了美国王牌军，是华盛顿开国时组建的美军骑一师嘛！这个美国有名、一直没有吃过败仗的军队，这回吃了败仗嘛！败在我们三十九军的手下嘛！"

诱敌深入，关门打狗

第一次战役胜利后，彭德怀判断敌人并没有被打痛，因其骄傲的情绪和对志愿军力量的错误估计，敌人还会发动进攻。为此，他指示各部队佯装后撤，以诱敌深入，关门打狗。

美军通过空中和地面侦察，在朝鲜境内未发现志愿军的踪迹，便断言志愿军离开了朝鲜。于是，美军调遣三十四万兵力向北开进，企图"结束朝鲜战争，回家吃圣诞晚餐"。

可是，得意忘形的美军已经钻进了志愿军为他们设置的口袋。志愿军在泰川、云山、宁远一线，严阵以待敌军的到来。

吴信泉率三十九军撤到泰川以东、云山以北、妙香山以西的地区组织防御。同时，他命令各级指挥员组织部队改挖堑壕，在山棱线上挖单人掩体，在内斜面上挖防炮洞，以减少敌机和敌炮对志愿军的威胁。

吴信泉派出由侦察科科长率领的三十多人的侦察队，带上地图、报话机和一周的干粮，深入敌后，侦察敌情。通过侦察队按地图坐标规定的暗号及时了解了敌人的进攻情况。吴信泉对敌人每天前进多远，到达了何地，都一清二楚。同时，一一七师三五〇团侦察分队的战士们英勇机智，把在阵地上熟睡的敌人连同鸭绒被一块儿拖下山来，查明了当面之敌为美二十五师。

11月26日，吴信泉指挥三十九军向云山以南上九洞地区的美二十五师发动进攻。各师、团按合围部署沿着崎岖的山路快速穿插，包抄迂回，在上草洞、桂林洞，与用坦克组成防御阵地的美军展开激战。

志愿军一一六师三四七团包围了美军二十四团黑人第三连及加强工兵班、炮兵班共一百四十八人，击毙击伤二十余人。在志愿军强大火力和政治攻势下，一百二十余个美国黑人士兵在连长率领下，放下武器投降了。

黑人士兵整连的投降，引起了美国五角大楼当局者对黑人单独组成的战斗单位的忧虑。为此，美二十五师在被调到二线进行整顿时，被迫将黑人单独编制立即改成白人与黑人混合编制。此后，整个美军都改为黑人和白人官兵混合编制。但是，这同样挽救不了他们的失败。

吴信泉率部重创美二十五师后，命令一一六师星夜急速前进，粉碎了敌人以平壤为中心，依托大同江组织防

志愿军攻进汉城搜索前进

志愿军战士冒着炮火徒步涉江，追击敌人

线，抵抗志愿军和朝鲜人民军进攻的企图。12 月 4 日，彭德怀下令以三十九军、四十军、四十二军各一个主力师组成中、西、东前卫师，向平壤进攻。三十九军一一六师为中路军，立即于当晚通过顺川、平院里、舍人场公路直攻平壤，与随后赶到的兄弟部队解放了平壤。

出其不意，直插汉城

1950 年 12 月 23 日，志司给三十九军下达了在第三次战役中的战斗任务，即命令吴信泉率部在新岱、石湖地段突破敌“三八线”上临津江防御阵地，直插东豆川，进逼南朝鲜首都汉城。

这次任务非同寻常，临津江能否突破，关系整个第三次战役的进展。时间紧迫，从受命之日到 12 月 31 日对敌发起攻击仅有七天时间。吴信泉立即进行战斗部署，决定以善于正面攻坚的一一六师为第一梯队担任主攻，以能攻善守的一一五师在其右翼并肩突破，以善于迂回穿插的一一七师为第二梯队，紧随一一六师左翼，突破后直插东豆川，切断敌李承晚军第六师退路。

兵力部署以后，便是临津江突破口的选择。吴信泉命令一一六师派出一个先遣团，到高浪浦里对临津江沿岸展开敌情侦察。该团在临津江探水深、测冰厚、查地形、捉俘虏，然后将掌握的情况及时上报。经过对敌情的认真分析，吴信泉认为敌临津江防御工事虽不很坚固，但部队在敌炮火下徒涉过江和攀登较陡峭的江岸，困难是很大的。为保证突破成功，他要求战士们打草鞋套在鞋上，防止踏冰时滑倒；剪开棉裤的裤脚，用雨布做水袜子，腿上擦猪油，利于快速涉水过江；还组织力量排除地雷，扫除道路上的障碍。

为快速突破防线，吴信泉来到一一六师，和师、团干部一起沿江勘测，选择最佳的突破地段。临津江此时虽已冰封，但结冰不牢固，成千上万的战士在开展进攻时，一旦踏破冰层，进攻速度就会受到极大影响。吴信泉和一一六师的指战员一路仔细勘察，最后在一个水道弯曲处停住了。

吴信泉沿河道望去，对岸向前突出的石崖，把江水逼得弯曲而狭窄。很显然，这里是一个较为理想的突破口。这里虽然容易受到敌人交叉火力的封锁，但因江水流速较缓而结冰牢固，且江岸突出，江面比其他地方要狭窄得多，有利于部队快速过江。

吴信泉从警卫员手里拿过望远镜，朝对岸仔细观察了一阵，发现这里并没有重兵防守。于是，他决定将这里作为突破口，命令组织七十门火炮压制敌人火力。另外，他立即组织小部队到沙尾川、高浪浦里一带进行佯攻，迷惑敌人。

12 月 31 日 0 时，近万人的突击部队和七十门火炮，秘密进入距敌阵地仅一百五十多米远的进攻地带，进行了一昼夜的肃静隐蔽。

为了胜利，全体指战员忍受着严寒和饥渴，潜伏在阵地上。中午时分，天公作美，临津江两岸雪花纷飞，给阵地铺设了一层天然伪装。

12 月 31 日 16 时 40 分，一一六师炮兵群把一发发炮弹准确地射向敌人的各个目标，将敌工事、主要火力点全部摧毁。各突击连的障碍排除组，穿过浓烈的硝烟，迅速排除了江岸上的地雷。

17 时 3 分，一一六师的战士们跃出堑壕，在几十挺轻重机枪的火力掩护下，呐喊着向临津江守敌发起猛烈冲击。战

士们仅仅用了五分钟即突破敌防线，快速地攀越高达十多米的陡崖，像猛虎下山一般向敌军纵深地带冲击，占领了南岸阵地。一一五师从右翼突破，并接应五十军过江。一一七师紧随过江，直插敌人的心脏，断敌退路，毙俘敌八百五十余人。

1951年1月2日，在志愿军的强大攻势下，敌全线溃退。撤退中，美第八集团军司令沃克的吉普车被撞翻，他当即毙命。

一一六师奉命追击，打散了李承晚的第一师第十一、十二团，一夜推进十五公里，到达直川里。一一六师副师长张峰率三四六团攻占议政府，歼灭美军两个排，控制了交通要塞。三四七团在谷里歼灭英军二十七旅皇家来复枪团的两个连。1月4日拂晓，三四八团及三四七团第三营和师部翻过牛耳岭，行至牛耳里。下午，三四八团副团长周问樵率领前卫部队，率先攻进汉城，占领了南朝鲜总统府。

粉碎敌“屠夫行动计划”和“撕裂行动计划”

志愿军占领汉城后，美军前线指挥官李奇微为挽回败局，搞了个所谓“屠夫行动计划”，妄图趁志愿军疲劳、援军未到、补给困难、转入休整之际，发动进攻，收复汉城，攻占“三八线”以北地区。

1951年1月27日，志司决定对敌发起第四次战役。三十九军奉命开进砥平里以北的龙头里一带集结，吴信泉命令各师坚决执行战斗任务。

2月11日晚，一一七师向横城勇猛穿插，一夜前进三十八公里，将横城西北地区的伪八师退路切断，造成围歼该敌的有利态势。12日，一一七师与南逃之敌激战一天，不顾敌人飞机、大炮的狂轰滥炸，配合友军歼灭李承晚军第八师大部和美二师一部，毙敌三千三百余人，俘敌两千五百余人，其中美军八百余人，这是志愿军入朝作战中歼灭敌军、生擒美军人数最多的一次战斗。横城战斗的胜利，宣告了敌人“屠夫行动计划”破产。横城大捷受到中朝联司、联政通令嘉奖。“联合国军”总司令麦克阿瑟称吴信泉是“可怕的人”。

14日夜，一一五师组织部队协同四十军、四十二军的两个师再次向砥平里之敌发起进攻，敌人以坦克布置外围防守，火力集中而猛烈。一一五师反复冲锋，终于在15日凌晨2时左右一度攻进砥平里街。街内地形狭窄，敌人火力兵力集中，志愿军兵力不易展开，而且四十军、四十二军的两个师分别进攻的228高地和凤尾山高地都没攻下，这两个高地对突入砥平里街的一一五师威胁极大。一一五师激战到清晨，后被迫撤回马山防守。

一一五师审讯俘虏时，得知砥平里之敌并非原先估计的不到四个营，而是有美二十三团、法国营、炮兵营和一个坦克中队共计六千余人，目前已构筑了由地堡、盖沟、交通壕、铁丝网、地雷等组成的据点式防御工事。志愿军用多建制的部队以野战方式进攻敌据点式防御工事是相当困难的。特别是志愿军火力弱，三个师只有三个炮兵营，加起来才三十六门炮，临时再调炮兵已来不及，山路崎岖，炮靠骡马牵引困难可想而知。

吴信泉给志愿军副司令员邓华发报，讲明砥平里的敌情，请求收回继续向砥平里进攻的命令。

志愿军突破“三八线”向纵深进军

1951 年 1 月 4 日，中国人民志愿军右翼突击集团攻占汉城后，中朝两军指挥员在南朝鲜“国会大厦”前欢庆胜利

邓华接受了吴信泉的意见，于15日18时30分，下达了撤出砥平里的命令。

美军前线指挥官李奇微获悉志愿军撤出砥平里后，立即筹划了“撕裂行动计划”，企图在志愿军中线打开缺口，割裂志愿军东西线联系，抄志愿军西线后路，占领“铁三角”。面对敌军的疯狂行动，志司决定全线机动防御，争取两个月时间，待后续部队到达再转入进攻。

三十九军奉命沿洪川到华川公路两侧及“三八线”以南地区组织防御。这里正是志愿军的中线防御地区，美军陆战一师和骑兵一师两个王牌师气势汹汹地发起了进攻。在这个关系全局的防御地域，三十九军根据志司组织机动防御的指示，采取有力措施挫败了敌人的进攻。

吴信泉组织部队采取有效的机动防御措施与战术，使三十九军在预定阵地上坚持运动防御五十多天，不但顶住了敌人每天几万发炮弹的轰炸，而且以较小的代价给敌以沉重打击。在坚守华川湖288.4高地的战斗中，一一五师三四四团一连，在师、团炮火的支持下，创造了一个连打退敌人一个团十一次进攻、歼敌六百余人的战绩。

4月21日，志愿军发动的第四次战役结束。三十九军共歼敌一万一千一百多人，和友军一道，先后粉碎了敌人的“屠夫行动计划”和“撕裂行动计划”。

4月22日，中朝军队对敌发起攻击，第五次战役拉开了帷幕。吴信泉率领三十九军坚决执行志司命令，圆满地完成了战役掩护任务。

积极防御，促进板门店谈判成功

1951年5月底吴信泉受到毛泽东亲切接见后，急切地返回了朝鲜战场。接着，他遵照志司的指示，与军里其他领导一道，领导全军开展了为期半年的整训工作。

12月1日，经过半年整训的三十九军奉命南下，接替四十七军在西起临津江，东至孝龙岱防御地区的防务，开始了在临津江两岸三百四十多天的阵地防御作战。

敌军在志愿军连续五次战役的打击下，于7月被迫开始与志愿军和朝鲜人民军进行停战谈判。为了促进谈判成功，志愿军决定以绝对的军事优势粉碎敌人一边谈判一边组织兵力反攻的阴谋。

为此，吴信泉指示各部队改善和加固坑道工事，把阵地建设成既能屯兵、生活的坑道，又有作战的掩体、堑壕、交通壕的地下长城。他多方搜集资料，绘制了甲、乙、丙三种坑道平面图和各种工事的标准，印发各连队执行。

三十九军全体指战员挥锹舞镐，挖山不止，在正面二十千米、纵深近十八公里的防御区内，凿通了一座座大山，构筑了设施全、抗压力强，既能屯兵又能长期生活的坑道两千零八十七条，总长达五十公里，建有人员隐蔽部八千五百三十七个。坑道四通八达，且与野战工事结合起来，坑道外是二百五十公里长的交通沟、一百四十公里长的堑壕。

1952年5月15日，三十九军打响了争夺缓冲区的战斗。8月底，经过二十多次战斗，毙敌三千多人，攻占了新村南山、榆岘北山和190.8高地以北敌阵地诸高地。

从9月起，吴信泉率部展开了主动的战术反击，同时也是配合板门店谈判的战斗。当时，板门店谈判反反复复，谈判陷入破裂的边缘，且美军准备向志愿军再发动一次局部进攻。中朝部队联司决定举行秋季战术反击，命令在第一线的三十九军、十二军、六十八军在撤防之前，各选择三至五个有利目标，对敌连续反击。

从9月18日三十九军率先向敌发起秋季反击作战起到10月23日止，所属各师、团先后进行了222.9高地以东无名高地、198.6高地，高阳岱西山、北山和东山，水郁市北山、高旺山、西北山等反击作战。三十九军每战皆全歼守敌，给李承晚军一师、美三师、美二师、美四十五师、英联邦师以有力打击。

1952年春，国内开展的反贪污、反浪费、反官僚主义的“三反”运动，也波及朝鲜前线。运动发展很快，但运动扩大化的问题也暴露出来了。吴信泉下到部队检查，发现不少意想不到的严重问题，这对部队作战指挥和战斗任务的完成，是一个很大的干扰。为了保证战斗的胜利进行，他立即向志愿军党委和中央军委发报，提出了正在前线作战的部队应立即停止“三反”运动的建议，这一建议很快得到毛泽东的批准。从此，前线部队停止了“三反”运动。

1952年8月2日上午，美军飞机投下的一颗重磅炸弹，将位于梨木洞的一一五师前线指挥所炸塌，正在指挥所作战室工作的副师长王扶之、师作战科科长苏盛轼、作战参谋陈志茂、《人民日报》记者刘鸣和指挥所三名工作人员共七人全被埋在坑道里面。吴信泉获悉情况后，立即下令组织工兵全力挖掘被炸塌的坑道，一定要尽快将人救出来。经过三天三夜奋战，终于将王扶之和苏盛轼、陈志茂救了出来，其余四人不幸牺牲。他指示一一五师立即将王扶之送到军部，待危险期过后，再送回国内治疗。

1952年11月6日，三十九军奉命撤离临津江两岸防御阵地，开到成川地区休整。至此，在三百四十多天的阵地防御战中，三十九军全体指战员战胜了敌人的飞机、大炮、凝固汽油弹、细菌弹、毒气弹等各式各样毒辣武器，战胜了寒冷、潮湿等极端恶劣的自然环境，歼敌两万两千五百余人，缴获武器弹药数以万计，击落敌机二百六十五架，击毁击伤敌坦克、汽车、大炮四百多辆（门）。全军不但未丢失一寸阵地，而且向前推进了十几平方公里。

三十九军在朝鲜战场没有打过败仗，没有挨过彭德怀的批评。因此，三十九军的将士们说：“三十八军是万岁军，我们三十九军是常胜军！”长期担任三十九军军长的吴信泉，理所当然是常胜将军。

（本文选自《党史博览》）

飞兵夜袭阳明堡

——记八路军一二九师英雄营长赵崇德

文／李巴夫

在中国人民抗日战争的史册里，记载着一次震惊中外的特殊战斗和一位智勇兼备的民族英雄，那就是八路军一二九师出征抗日第一仗——夜袭阳明堡日军飞机场的战斗和执行这次作战任务的指挥员——七六九团三营营长赵崇德。

赵崇德是河南商城余子店人。1914年4月出生于一个贫农家庭。1931年参加工农红军，1932年加入中国共产党。曾历任红军的班长、排长、连长、营长。他带的部队善于奔袭夜战，常取得以智克敌、以少胜多的战果，上级曾授予他们“以一胜百”的锦旗。

1937年8月红军主力改编为八路军，赵崇德担任一二九师三八五旅七六九团三营营长，9月誓师开赴华北抗日前线。

10月16日，七六九团急行军进抵山西原平东北、阳明堡以南滹沱河东岸的苏龙口、刘家庄地区，以战斗姿态展开，寻机对日军作战。

陈锡联团长遵照刘伯承师长在行军途中的指示精神，部队部署就绪之后，各级领导分头进行敌情侦察、社会调查以及走访后撤国民党军的活动。在部队进行备战的同时，广泛开展群众工作。

从滹沱河顺河南下百里便是忻口。

赵崇德烈士遗照

敌机不断在忻口方向飞来飞去。经过调查证实，距苏龙口以北十多里的滹沱河以西阳明堡西南有座飞机场。此机场是阎锡山1935年开始筹建，1937年9月建成的。土质跑道，设备简陋。飞机的燃料和弹药，均贮存在机场附近的下班政村。此机场被日军占领后经过抢修扩建，作为向崞县、原平、忻口和太原出击的临时机场，是日军后方基地和空中转运站。

10月19日，早饭后，陈锡联团长以及各营的指挥员都化装成老百姓，从驻地出发，沿着滹沱河的山沟向机场方向隐蔽前进，实施实地侦察。他们登上山顶，从望远镜里将阳明堡机场内飞机的位置、四周的地形、工事的构筑、进出的道路、守军的营房及每一个目标，都侦察得清清楚楚，一一记在本子里，标在地图上。此外，还从一位从机场逃出的劳工口里，了解到有关阳明堡机场内外的许多重要情况。

中午，陈团长召开作战会议，经研究决定，抓住战机，出其不意，夜袭阳明堡机场，打它个稀巴烂！拔掉这颗“钉子”！夜袭阳明堡机场的任务，由三营担任，赵崇德营长具体指挥。

接着，他又布置一营配合三营行动，破坏崞县至阳明堡之间的公路、桥梁，阻击增援之敌。二营（欠七连）为团预备队，随团指挥所行动，并以八连破坏王董堡方向之公路、桥梁，确保三营侧后安全。团属迫击炮连、机枪连在滹沱河东岸占领阵地，随时准备支援三营战斗。团指挥所和团预备队，配置在苏龙口北侧地区。

与会同志一致同意上述作战方案。随后，陈团长下达了夜袭阳明堡机场的作战命令。

下午，汪乃贵副团长带领三营的营连干部，化装成机场民工，对机场内外情况进行了详细侦察。进一步查明：二十四架飞机分三排，每排八架，停放在机场东南侧停机坪上；前两排飞机体积小，估计是战斗机，后一排体积大，可能是轰炸机或运输机；机场的防御工事，均为土木结构；敌守卫部队大部集结在机场西北侧防区；在停机坪的东侧有几间简易房，时有飞行员进出，估计是值勤飞行员休息的地方；机场的四周和停机坪附近均设有固定哨位，进出飞机场通道的哨卡筑有简易工事，警戒很严。

三营各连的军事民主会上，战士们发言踊跃。大家的意见归纳起来是两个字：一是“烧”，二是“炸”。最后，决定采用把几颗手榴弹捆在一起，放进飞机驾驶舱里爆炸的办法，并进行了模拟试验，效果良好。

10月19日，夜深人静，月色朦胧。陈团长一声令下，全团所属部队分别向预定目标开进。三营十连、十一连的战士们都装备了自己捆绑好的集束手榴弹，紧随赵营长快速前进。部队顺利渡过滹沱河后，成战斗队形展开，悄悄地抵近飞机场。

先头部队剪开铁丝网，巧妙地干掉了哨兵，摸进了机场。机枪连按预定方案，迅速抢占了有利位置。十连的一排、三排以迅猛动作向机场西北角扑去，消灭掩蔽部里的敌人。赵营长率领十连二排和十一连，直奔机场东南侧的机群，炸毁飞机。

十一连二排的战士们最先接近机群，在黑暗中隐约可见长长的三大排飞机停在那里。各爆破组正向机群运动时，突然从西北方向传来日军“哇啦哇啦”的喊叫声，紧接着响起一连串枪声。原来是十连一排、三排与敌人遭遇了。就在这一瞬间，赵营长率领的爆破部队向机群发起猛烈攻击，冲向机群，杀向敌兵！顿时，整个机场枪声大作，爆炸声轰鸣，硝烟弥漫，火光冲天！

赵营长面对这场特殊战斗，沉着冷静，一边指挥爆炸飞机，一边指挥消灭敌人。

爆破部队与守卫机群的日军绕着飞机拼杀起来。八路军采取分割战术，将敌各个击毙。被惊醒的在机场值勤的驾驶员拼命冲向机群，有的被击毙，有的爬上飞机，盲目开火。固定在飞机上的机枪不但发挥不了威力，反而打中了前排的飞机。而隐蔽在飞机下的战士，可以左右射击机舱里的敌人。在消灭了守卫机群和舱里的敌人之后，各个爆破组敏捷地跃上了飞机，迅速地砸碎驾驶舱玻璃，准确地将一捆捆手榴弹扔进一架架飞机舱里。战士们愈战愈勇，边打边

八路军夜袭阳明堡，炸毁敌人飞机二十四架

当年的日军机场已经成为农田

喊："这一架算我的！""我再报销它一架！"十一连机枪班班长老李，轻伤不下火线，攀上一架飞机，端起机枪向驾驶舱猛扫。打了一阵子，他放下机枪，举起小铁锹狠砸机翼。战前他说过，要砍一块飞机尾巴给老乡们见识见识。正砸得起劲，赵崇德跑来高喊："老李，砸什么？快爆炸！"

接着他大声喊着："同志们，狠狠地炸！全部、彻底炸它个稀巴烂！"接连不断的爆炸声，惊天动地，震耳欲聋，全部飞机被炸毁起火。火乘风势，风助火威，熊熊烈火映红了机场四周，滚滚浓烟弥漫了机场上空。

爆破组对飞机进行爆破的时刻，一群敌人号叫着从隐蔽部里冲出来。八路军战士面对凶残的日军，展开了一场你死我活的白刃格斗，杀退了敌人的几次反扑，保证了爆破敌机任务的顺利完成。激战一个小时，二十四架飞机全部炸毁，机场地面设施全部摧垮，歼灭机场守卫日军一百余人。至此，三营胜利完成了预定的作战任务，赵崇德命令部队迅速撤出战斗，向指定地区转移。就在他指挥部队后撤时，残敌仍不断地向八路军射击。同志们为了营长的安全，再三劝他先行撤离，他坚持不肯先走。就在这时，他不幸中弹，身负重伤倒在地上，大家把他扶起来，准备抬上担架，他用尽力气说："不要管我，同志们快撤，快……"话没说完，就合上了眼睛……

日军驻阳明堡的香月师团出动装甲部队紧急增援机场，在途中遭我打援部队的猛烈阻击。当增援的敌人在其炮火掩护下赶到机场时，八路军早已胜利撤出战斗。摆在侵略者面前的是被焚毁的二十四架飞机的残骸、一百多个日军的尸体和缺胳膊少腿的伤兵！

后人写诗传颂：

万里长城万里长，
雁门关下古战场，
阳明堡里烧怒火，
倭寇飞机一扫光！
七六九团英雄多，
誓死捍卫我中国，
出征抗日第一仗，
功在千秋赵崇德！

（本文选自《中国共产党抗日英雄传》）

披肝沥胆奋斗终生

文／商　倩

向　明

向明，山东临朐人，1931年加入中国共产党，历任济南市委书记、山东省委组织部部长，豫鄂边区党委书记，新四军三师八旅政委，鲁中区党委书记、鲁中军区政委，华东野战军八纵队政委，胶东区党委书记、胶东军区政委，山东省政府副主席，山东军区副政委，山东分局第二书记、代理书记等重要领导职务。

投身革命历经艰险

向明，原名巨同璞，字景山，又名巨任吾，1909年3月27日出生于临朐县博崖村一个贫苦农民家庭。高小毕业后考入青州省立第四师范，因为凑集学费逾期报到被校方拒绝而失学。1925年，向明只身去青岛谋生。几年的求生之路，让他体察到生活的艰难和社会的黑暗，加深了对反动统治阶级的不满，产生了改变现状的强烈愿望。1929年春，向明参加青岛市招收小学教员的考试被录取，分配到青岛枣园小学当教师。

在枣园小学，向明阅读了大量进步书刊，懂得了不少革命道理。他利用课余时间，组织“读书会”，辅导学生学习中国近代史，引导他们关注时事。1931年4月，经宋哥庄小学校长张静源（中共党员）的介绍，向明加入中国共产主义青年团。同年8月，他由共青团员转为中共党员。

入党后，向明先后担任过青岛市沧

口区委宣传委员、济南市委书记、山东省委组织部部长等职务，多次领导学生运动和工人运动，同反动势力进行了坚决的斗争。1933年，由于叛徒出卖，他在济南被国民党逮捕。在敌人严刑拷打、威逼利诱下，他临危不惧，坚贞不屈，保守了党的机密。在狱中，他团结同志，多次领导狱中的绝食斗争，同国民党进行了不屈不挠的斗争，表现出了共产党员崇高的革命气节。

驰骋沙场屡建奇功

抗日战争全面爆发后，国共两党实行合作，向明被释放出狱。1938年4月，他被调往北方局工作。1939年3月，他调任豫鄂边区党委书记。同年8月，作为豫东特委、中原局及豫鄂边区党委的代表，赴西华县对地方武装胡晓初部开展工作。经过向明对胡晓初做的耐心细致的思想工作，成功地将胡晓初的部队拉到豫皖苏抗日根据地，编为新四军游击队第六支队第二总队。向明担任第二总队政委。1940年6月，向明担任豫皖苏区党委民运部部长、副书记。1941年1月，调往苏中抗日根据地，担任苏中区第四地委书记、军分区政委，后担任苏中区党委委员。当时，苏中区是连接苏南、苏北、淮南、淮北各抗日根据地的枢纽，战略地位十分重要，是日伪军进攻的重点地区，斗争十分残酷。年仅三十二岁的向明，面对艰苦复杂的斗争，毫不畏惧，勇挑重担。他认真领会党中央、华中局的指示精神，紧密联系实际，带领苏中第四军分区广大军民，采取机动灵活的战略战术，与敌人展开殊死搏斗，粉碎了敌人的“扫荡”“清剿”和“清乡”，发展、壮大了抗日武装力量，巩固了抗日根据地。1942年11月，向明调任苏北区党委委员。1943年6月，任苏北盐阜地委书记兼军分区政委、新四军三师八旅政委。当时，苏北周围有日伪军两万余人，敌据点八十多处，敌人不断从涟水、淮安等地出动，对盐阜区进行“扫荡”。向明根据中央的指示，带领全区干部群众，一面与日、伪、顽军进行军事斗争，一面大力加强根据地的各项建设，取得了显著成绩，巩固了盐阜抗日根据地。

抗战结束后，向明调山东工作，于1945年11月担任鲁中区党委书记，兼鲁中军区政委。1946年6月，国民党集中四个整编师，向鲁中解放区大举进攻。向明带领部队，向敌人展开反击战。1947年1月，华东野战军成立，向明兼任华东野战军第八纵队政委。他和王建安、傅秋涛、郭化若等奉命统一指挥鲁南战役，消灭敌人五万余人，挫败了敌人的进攻计划。2月，莱芜战役打响，向明等率八纵指战员在和庄地区与敌七十四师交战，首战告捷，随后与其他纵队配合全线出击，全歼敌七十三军和四十六军。4月，向明和王建安又率八纵，参加了泰蒙战役，与兄弟部队协同作战，全歼泰安守敌两千余人，收复了泰安、肥城、宁阳等县城。之后又率部参加孟良崮战役，与其他纵队一起，全歼敌整编第七十四师三万两千余人，击毙其师长张灵甫。

（本文选自《潍坊晚报》，有删节）

梁山凯歌

文／欧阳文　张　云

欧阳文

1939年3月樊坝战斗后，一一五师代师长陈光、政治委员罗荣桓决定，由六八六团团长兼政治委员杨勇等率该团三营、教导队、机关一部和师直两个连，留在鲁西开辟抗日根据地。不久，六八六团留下的部队扩编为师独立一团，师直留下的两个连扩编为游击第七支队。是年7月，师独立一团和游击第七支队合编为师独立旅。杨勇任旅长兼政委，留在鲁西的部队，分散在郓城、寿张、梁山等地，争取中间势力，孤立打击敌人，创建鲁西抗日根据地。

由于党的正确领导和全体指战员的努力，在短短的时间里，鲁西的抗日力量便蓬勃发展，蒸蒸日上。特别是梁山一带，这块历史上曾是农民聚义反抗压迫的地方，今天又成了我党领导下的抗日根据地，这使驻济南的日军大为恐慌。于是，他们继5月"九路围攻"陆房我军失败之后，又于7月底，遣其第三十二师团一个大队，由济南出发，经泰安、汶上等地，气势汹汹地向郓城方向奔袭而来。这个大队由名叫长田敏江的少佐指挥官率领，共有日军三百余人，伪军数十人，配备有两门野炮、一门九二步兵炮等武器。此时，陈、罗首长率领轻便的师指挥所，正活动在梁山附近地区。随同师指挥所的还有师特务营的三个步兵连（第二连、四连、十连）和一个骑兵连。这三个步兵连中，四连和十连是陈光同志视察湖西时带回来的。当时，师指挥所设在梁山的前集。

8月1日早晨，部队还没有开早饭，侦察员急匆匆地从外面跑来向作战参谋来光祖报告说："靳口方向发现敌情，有一大批日本鬼子和伪军向我驻地开来……"来光祖马上把这一情况向陈、罗首长做了汇报。陈光同志听了，默默地思索着；罗荣桓同志听后，仔细地查看了挂在墙上的军用地图，然后让来光祖马上再派出侦察人员，查明敌人的兵力和企图。

过了个把钟头，侦察员又报告：敌人继续向梁山方向开来，没发现有后续部队。根据敌情分析，敌人是孤军深入。陈、罗首长立即命令特务营二连和骑兵小分队去阻击、滞缓疲惫敌人；命令独立旅一团三营（原六八六团三营，缺九连，该连当时调团部担任警卫任务）火速赶到独山庄以南地区，准备投入战斗，伺机打击敌人，争取歼灭来敌一部或全部。该团的其他部队则加强对汶上方向的警戒，防备敌人增援。除此之外，调独立旅政治部主任欧阳文，前来负责战场勤务等工作。

欧阳文接到命令后，立即骑马赶到师前沿指挥所——梁山前集西北方向的小庙。在这里，罗荣桓政委向欧阳文谈了敌我态势以及整个作战意图，并详细交代了任务，然后笑吟吟地指着桌上的一本《水浒传》，操着浓重的湖南口音，慢条斯理地对欧阳文说："在水泊梁山跟前，一面指挥打仗，一面看《水浒传》，倒蛮有意思哩！"

这时，远处不断传来隆隆的炮声和一阵阵的枪声。显然，是师指挥所派出的部队和敌人打响了战斗。在我方这支部队的节节阻击和引诱下，直到下午太阳快要偏西的时候，敌人才狼狈地进入我方设伏地域——梁山西南的独山庄附近。中午12时30分左右，独立旅一团三营接到了由团长周海彬、政委戴润生派骑兵通信员送来的作战命令（当时团部驻地位于十多公里处），营领导立即商量，决定由营长刘阳初带领各连连长和侦察人员负责侦察敌情和地形，营教导员张云（原名张伍桂）负责战斗动员。全营立即投入紧张的战斗准备。三营原是红军第一方面军第三军团主力之一，其中班以上干部和相当数量的战士，经历了二万五千里长征。其余的战士虽然大都是在平型关战役后参军的，但也经历了广阳、午城、井沟、白儿里、汾离公路以及樊坝战斗的锻炼。他们对人民赤胆忠心，对敌人刻骨仇恨，保持了红军的优良传统和战斗作风，有着丰富的作战经验与独立作战能力。1938年底，该营随六八六团赴鲁路过晋东南抗日根据地时，曾受到朱德总司令和彭德怀副总司令的检阅，被朱总司令誉为"十部团"。

出发前，张云向全营指战员作了战斗动员。同志们个个摩拳擦掌，情绪振奋，恨不得立刻投身战场，把日军杀个屁滚尿流、人仰马翻。紧接着，全营从演上蔡林集附近出发，悄悄地一口气急行军十余公里，隐蔽在独山庄南面四公里的一个村庄里。部队不仅一面架锅做饭，一面抓紧时间休息，还采取多种形式继续进行战斗动员和战前准备，以迎

接即将来临的激战。

下午4时30分左右，刘阳初等同志侦察敌情、地形回来，立即召开连以上干部会，研究作战方案。据侦察，独山庄靠近梁山西南面，村里有骡马店、作坊等，还有几座石灰窑。庄北面有座小山，不太高，也不太陡，是这一带的制高点。四周的青纱帐十分有利于我方隐蔽接敌。敌人进占独山庄后，派出伪军一个排，约二十人，另有日军五人，占领了庄后的小高地，但未修筑工事。绝大部分日军在山庄南面一座大院外的树林下露宿，三门炮放在院外，山庄西边的小山脚下有一座独立的土墙院，时有伪军进出，像是伪军的驻地。敌人在炎热的气候下，经过连续行军作战，已经是人困马乏，疲惫不堪了。他们在独山庄里胡乱地向梁山和庄外四周的青纱帐，零零星星地打了一阵枪炮，进行火力侦察后，便洗澡的洗澡，睡觉的睡觉，做饭的做饭……完全处于松懈麻痹状态。

根据敌情，营领导决定：以十连为主攻，从山庄南面向独山庄以及露宿树林下的日军突击，在全歼守敌的同时，一定要把大炮夺到手；十一连（配备重机枪两挺）在迅速攻占庄北的小高地后，除以一部分兵力固守阵地外，主力由东向西配合十连向敌进攻；十二连在攻占山庄西边的独立土墙院后，继续沿山脚配合十连向敌纵深发展；营指挥所随十连前进；重机枪连为营预备队，随营指挥所行动，并要求各连于当晚8时进入进攻阵地。各连到达后，立即派通信员向营指挥所报告。同时规定以三发红色信号弹和冲锋号声为进攻信号。

根据陈、罗首长的意图，来光祖亲自指挥师特务营的二连、十连以及四连和骑兵连作战。其中，二连是井冈山时期组建的老红军连队，长征时保卫党中央到达陕北。十连原是六八五团的一个老连队，经历过严峻的战斗考验。这两个连都有很强的战斗力。他们的任务是：十连由独山庄东北向敌人攻击；二连派出一个排攻占独山庄北的小高地，配合独立旅一团三营歼灭独山庄之敌；骑兵连和四连担负警戒和预备队的任务。

天渐渐黑下来，各连指战员利用青纱帐等有利地物、地形，一个跟一个，悄悄地向前运动。为了出其不意地发起猛烈攻击，大家都尽最大可能地接近敌人。有人接近到能听见敌人的谈笑声，甚至能透过火光看到敌人的身影。

晚上8时30分左右，指战员正等得心急火燎，突然，三发红色信号弹腾空而起，嘹亮的冲锋号声划破长空，在轻重机枪火力掩护下，指战员们猛虎似的扑向敌人。顿时，机枪声、手榴弹爆炸声和喊杀声响成一片，震撼着大地。敌人在我方突然、沉重的打击下，一时晕头转向，不知所措。日军有的光着脊背，有的穿着短裤，你拥我挤，纷纷向庄南面那座大院里逃窜。后来又听见一片“哇啦哇啦”的狂叫声，以及隆隆的炮车声。显然，敌人在往大院里拉炮。这时，敌人已被我方消灭了不少。指战员们立即乘胜追击，把大院团团围住。与此同时，攻打庄西独立土墙院和庄北小高地的指战员们也旗开得胜，完成了预定作战计划，并正向大院攻击前进。日军醒悟过来后，他们立即分成十几个战斗组，在密集的火力支援下，向外冲击，妄想用四面开花的办法杀出重围。我方英勇的指战员沉着机智地打退了敌人十几次冲锋。战斗进行得异常激烈。我方虽然也有些伤亡，但是指战员前仆后继，一往无前，充分发挥了近战、夜战的威力，越战越勇，越战越强。其中，以赵勇胜排和吴吉昌排表现最为突出，他们沉着、坚毅、机智、灵活，不断给敌人以重创。

战斗进行了五六个小时，敌人已被我方消灭大半。此时，营指挥所已转移到独山高地，眼看天快要亮了，指战员们深知，如果天亮前还结束不了战斗，那对我们是十分不利的。为了歼灭龟缩在大院里负隅顽抗的残敌，我们重新调整了战斗部署：以三营十一连为主攻，从东向西打进大院，与敌人展开房屋争夺战。在我方指战员的刺刀和手榴弹的威逼下，一个个日军发出了最后的哀号。

最后剩下的数十名日军被压制在小山脚下骡马大店院内的几间房子里，这些亡命之徒在末日来临之际，仍然负隅顽抗。这时，陈、罗首长派师政治部秘书长苏孝顺（现名苏静）来了解战斗情况。苏孝顺和来光祖在电话上向师首长汇报了战况，罗政委说："你们面前这伙敌人是支孤军。现遭我方痛击，伤亡惨重，他们必定会固守待援的。但是汶上方面敌人空虚，如果有援兵，最早在明天中午才能到达，师部已派出部队警戒。告诉大家不要顾虑敌人增援，当前形势发展对我方非常有利，要集中力量，一鼓作气，穷追猛打，争取10点钟前全歼残敌！"三营接到罗政委指示后，立即向各连作了传达，并决心以果敢迅猛的动作，全歼残敌。于是，集中全营所有的轻、重机枪，以猛烈的火力作掩护，由排长李炳祥率领突击队，用上房挖洞向里塞手榴弹的办法，向敌人发起猛攻。我突击队闪电般冲进大院，登上房顶，抡锹舞镐，把房顶挖开数个窟窿，将手榴弹丢进屋内，炸得敌人血肉横飞。没被炸死的敌人破门而出，突出包围，向青纱帐逃窜。师特务营的骑兵连飞马扬刀扑上去，奋力拼杀，犹如砍瓜切菜一般，残敌除一人逃回汶上，一人被当地群众抓获外，其余全部被我方歼灭。2日8时许，战斗胜利结束。

这次战斗的胜利，与梁山地区群众的全力支援是分不开的，梁山地区虽然是我军新开辟的抗日根据地，但由于党的政策深入人心，八路军纪律严明，因此我军所到之处，受到群众的热烈欢迎和大力支援。战斗前，群众协助我军严密封锁消息，保证了军事行动的高度保密；战斗中，积极参加担架队，冒着枪林弹雨，为我军运送伤员；战斗后，又箪食壶浆，慰劳部队。所有这一切，对鼓舞我军士气起到了重要作用。

此次战斗，是我军以劣于敌人的装备，全歼强敌的一次模范战例。共毙敌长田敏江少佐以下三百余人，俘虏日军十三人；毙俘伪军一部；缴获野战重炮两门、九二步兵炮一门、掷弹筒三具、轻重机枪共十七挺、步枪二百余支，以及其他军用物资。战后不久，中央军委发来贺电，表扬了参战部队。这次战斗，对扩大我军影响，坚定人民群众抗战必胜的信念，巩固和发展鲁西抗日根据地起了重要的作用。

（本文由八路军太行山纪念馆供稿）

澉浦突围亲历记

文／章洪珊

澉浦位于杭州湾北岸，是浙江海盐县的一个重镇，这里三面环山，一面临海，筑有土城。1945年10月初，国民党以重兵在此拦击北撤的新四军浙东纵队第五支队，阴谋制造第二个“皖南事变”。

抗战胜利了，浙东军民欣喜若狂，沉浸在欢乐的海洋中。

遵照毛主席、朱总司令的命令，浙东纵队向敌占区发起了大进军，攻克和收复了镇海、慈溪、余姚三县北部地区日伪据点三十余处，直抵宁波城下。

就在这时，新四军军部命令：“浙东纵队务须于七天内将全体人员撤离浙江……”这太突然了，简直使人不敢相信。但这毕竟是一道十万火急的命令，毋庸置疑，刻不容缓。蒋介石正在玩弄和平阴谋，一面高唱和平，一面挑起内战。此时，浙东的天空又密布战争的阴云，国民党勾结日伪，增兵宁波、绍兴、余姚等地，调集重兵封锁沪杭线，妄图把浙东纵队消灭在杭州湾附近。但是，他们的如意算盘又打错了。

当时，浙东部队和地方党政共一万五千余人。纵队领导决定分三路横渡杭州湾北撤，纵队司令何克希率第五支队和起义不久的第二旅，从杭州湾内侧北渡澉浦，以掩护本部和其他部队。

1945年10月3日傍晚。第五支队和上虞自卫大队及部分地方干部从临山海边登船，经一夜航行，于4日凌晨陆续抵达澉浦。纵队指挥船最先靠岸，刚登陆，从澉浦方向传来枪声，何司令立即带领随行人员三十余人，直奔澉浦，进城后未见二旅部队（二旅先几天北渡，此时已撤离）。当他们进至十字街口，突然发现敌人已进入西门和北门向我方搜索射击。当时五支队尚未进城，情况万分危急，在这千钧一发之际，何司令沉着果断指挥侦察员、通信员和警卫员以迅雷不及掩耳之势，向数倍于我的敌人发起猛烈的冲击，打得敌人晕头转向，狼狈逃窜。随后部队陆续登岸，占领整个澉浦城。

这时，澉浦周围的葫芦山、翠苹山、扇子山和隐马山等制高点，均已被敌占领。上午10时左右，敌人从西南、西面、北面同时发起进攻，遭我方坚决回击，伤亡惨重。后又连续猛扑，均被我击退。但我部已陷入重围。

军部来电指出，我当面之敌有四个师，澉浦周围就有七个团。形势极为严峻。我们背靠大海，面临十倍于我并控制有利地形的敌人，要挡住他们的连续进攻，扭转被歼的危险局面，还要经过一场恶战，并付出重大代价。在这危急关头，何司令与支队长王胜，政委邱相田，参谋长曾阿缪，主任汪志华商量研究后，决心背水一战，不惜一切代价，杀开一条血路，突出重围。

为打开突围缺口，开辟通路，下午2时左右，一大队、三大队向城北的扇子山、隐马山发起猛烈的攻击。后又投入二大队一部。经过短兵相接，殊死拼搏，反复八九次空前激烈、惊心动魄的争夺，终于在黄昏前占领了扇子山和隐马山。敌人遭到惨重的杀伤后，退缩到后面大山一线。

经过一天激烈战斗，为胜利突围创造了条件，但也付出了巨大的代价。五支队共伤亡二百三十三人（牺牲了两个中队长、一个指导员）。这在浙东部队的战斗史上是罕见的。

突围前，处理好伤员，是当务之急。这么多伤员，怎么办？如果都要随部队行动，势必影响突围任务的完成，何况一时也找不到那么多民工，领导考虑再三，决定留下一部分重伤员，由地方党的同志帮助安置，但一定要做好思想工作。

部分伤员临时安排在一座祠堂里，我们政治处的同志（当时我是特派干事）分别向他们做说服工作。未等我们开口，有些伤员就要求跟着部队走。此时此刻，我们能理解他们的心情，在困难和危险情况下，更加留恋部队和战友。从内心说，我们也舍不得他们留下。但为了顺利突围，还是忍痛向他们解释：“今晚部队要突围，要冲过重重封锁线，以后还要长途跋涉、连续行军，如果带着这么多伤员，不但影响北撤任务的完成，你们也得不到很好治疗。领导反复考虑，还是让你们留下来养伤，并由地方党的同志帮助安置照顾。”听了我们一番劝说，他们还是能顾全大局，服从组织安排，但总是依依难舍。当我们把背在身上的银圆分给他们的时候，他们不禁潸然泪下，有的泣不成声。此情此景，无人不为之激动，我的喉咙也哽住了。

惜别之情激起了愤怒的火焰。当一个战士失声痛哭，诉说了二中队模范指导员林大慈同志英勇牺牲的情况，许多伤员悲愤填膺，纷纷痛斥国民党的内战罪行：“过去我们在浙东打日本鬼子，他们却三番五次‘围剿’我们，今天我们忍让北撤，他们又背信弃义以重兵围攻我们，过去没有死在日本鬼子手里，今天却倒在国民党反动派的枪口下。这笔血债，一定要讨还。”

离别之情与仇恨之火交织在一起，冲击着这座古老的祠堂。

我们含泪告别：“祝你们早日恢复健康……”

接着，汪志华主任又向我交代了一

新四军北撤澉浦登陆点

曾帮助救护新四军突围官兵的部分澉浦群众（1977 年摄）

个任务，要我在突围时带着部分伤员，并交给上虞自卫大队一个排，由一个副连长率领，掩护伤员。我想这是新区，人地生疏，完成任务的关键是不能掉队，否则就有误入敌阵的危险。最要紧的是做好民众工作。

当我看到动员来的民众都是妇女时，不禁愣住了。怎么都是女的？她们能抬担架吗？能跟上部队吗？男人都到哪里去了？心里犯愁，深感困惑。一个动员民众的同志看到我面有难色，心存疑虑，便轻轻地对我说："这海北地区，有一个奇异的风俗，女人下地劳动干重活，男人提着鸟笼上茶馆，肩不能挑，更抬不了担架，所以来的都是妇女。"我听了后感到惊奇，也觉好笑，但心里踏实多了。

新区群众对我们不甚了解，我耐心向她们做宣传："我们是三五支队（浙东老百姓对我们的习惯称呼），从四明山来的（浙东根据地），为了和平，我们北撤路过这里，遭到国民党军的'围攻'。他们不打日本鬼子，却千方百计想消灭抗日有功的新四军，我们不得不自卫反击，许多同志负了伤，今晚要辛苦你们，把伤员送出溆浦，明天就可回来。"我还特别嘱咐："今夜天黑，要跟牢，千万不能掉队。"她们听我说的话以后，十分同情。在危难时刻，得到新区人民特别是妇女的支援，多么不容易呀！我们深受感动。人民军队到哪里，哪里就有鱼水情。

突围开始，已近午夜，细雨蒙蒙，伸手不见五指。前卫部队在当地向导带领下，避开村庄，走山脚田间小路，搜索前进。由干部团组成的临时担架队，走在部队中间，何司令还抢着抬伤员。我们担架队走在最后。约半个小时后，从远处传来枪声，部队也停了下来。（事后才知道前卫部队有人掉队走错路，撞到敌人的哨所。）一个小时后，部队又继续前进，经一段时间的急行军，突然在我们前面又枪声大作，我还以为是敌人盲目扫射，催促他们加速前进，但枪声越来越近，越来越密，前后左右都落下子弹。我感到不对头，是否前面有人，走错了路，误入敌人的警戒线？于是，我立即要求他们停下来。副连长仔细察看路口，果然不见路标，他要排长马上回去寻找，幸亏很快找到了，我们又重新沿着路标火速前进。在天将微明时，越过了敌人最后一道封锁线。

当我们来到一条大河前，听到前面有人喊："你们快过桥呀！我们要烧桥啦！"我走上桥头一看，原来是侦察参谋张荣，带着几个侦察员在等我们。他见到我们非常高兴，说："总算把你们盼回来了，就怕你们出不来，支队首长交代一定要等你们回来再烧桥。"我们也好像见到久别的亲人，异常激动，特别是首长的关怀，使我久久不能平静。这时，我心里的一块石头落了地，一股暖流涌向全身。

不久，从溆浦方向传来激烈的枪炮声，愚蠢的敌人又向溆浦城发起进攻了，他们没有料到，这时的溆浦已是一座空城，更没有想到英勇善战的五支队在何司令指挥下，已胜利突出重围。国民党的阴谋又破产了。

回眸往事，心潮起伏，深切怀念在溆浦战斗中负伤的同志！沉痛悼念在溆浦战斗中牺牲的烈士！

（北京新四军研究会供稿）

痛打“王牌团”

文/江　田

1949年下半年，随着解放战争的节节胜利，国民党十余万残兵败将相继逃到海南岛，琼岛敌我兵力对比发生了急剧的变化。冯白驹果断地命令琼崖纵队停止夏季攻势作战，各总队撤回原防区，准备配合野战军渡海解放海南岛。为督促指导各总队的军事行动，琼崖纵队组织了三个军事督导团分派到三个总队去。我带领一个督导团到三总队去和同志们一起战斗。琼崖纵队发出杀敌缴枪竞赛号召不久，三总队就在定安县岭口报捷：给国民党三十二军的所谓“王牌团”——第七六五团以沉重的打击。

七六五团团部和两个营驻守在岭口圩，并派出一个连驻岭口圩东约十里的大堀头据点，另一个营驻在岭口圩西十多里的翰林圩，彼此有公路相通。岭口圩交通比较方便，又位于母瑞山根据地的边缘。敌人派“王牌团”进驻岭口圩，是为了确保岭口圩与外线部队的联系，并像一颗钉子似的紧紧地钉在根据地的门口。平时，驻大堀头据点的那个连经常沿公路进行巡逻，防止我们靠近公路和据点。

张世英总队长召开作战会议，确定了作战方案：先派小分队活动，把大堀头之敌引诱出来予以打击，尔后伺机打援。如果岭口圩之敌不上钩，则将大堀头据点包围起来，歼灭岭口圩之援敌。在歼灭援敌之后，继续隐蔽，再打从岭口圩出来收尸之敌。

我们决定在菜地村附近的147.0高地至伯上岭之间设置一个口袋。这一地段宽五里，伯上岭东距大堀头据点两里地，147.0高地西距岭口圩有三里多路。袋口开在菜地村东北两里外公路北侧的土地坡村一带。村南有个121.1小高地和一片树林，可藏一个小分队。这个袋口较宽，口子关不紧或迂回包围不及时，敌人容易向公路北大田洋方向逃遁。敌人在岭口圩东北、东南占据的高地均比147.0高地高，可俯视我方的行动，我们的行动必须绝对保密隐蔽。部队的隐蔽地离公路有一里左右，这就要求出击动作要快。我们的部署是：一团在东，负责包围大堀头据点和警戒嘉积镇援军；三团（缺二营）在西，负责阻止岭口圩之敌；二团在中间，歼灭进入口袋之敌。三团二营由团政委王民带领，到乐会县中原圩执行策反任务，并负责在中原圩一带牵制敌人。

12月11日子夜，部队出发，神不知鬼不觉地进入预定伏击阵地，派出警戒观察哨，进行战斗准备。

东方现出鱼肚白，公路清晰地显现出来，指战员们沉着地等待着敌人到来。

7时许，敌人一个联络班从大堀头据点出来了，走向我们的埋伏点。驳壳枪班突然冲杀出去，当即毙敌数名，有意留下两个敌人，让其逃回据点报信。

约过半个小时，观察哨报告，大堀头据点有一个排的敌人出来追赶驳壳枪班。看样子，敌人并未发现我们大部队的行动。敌人追至我们的埋伏点附近，一团八连从两边突然发起冲击。据点上的敌人看到这个情况，不知我们的底细，不敢贸然增援，只在据点里鸣枪，给被围的那个排壮胆。被围之敌除几个逃回据点之外，其余二十多人全部被消灭。

8时，在一团协助指挥的副总队长刘荣用电话向指挥部汇报了战况。张世英总队长表扬一团八连打得好，并要求一团继续注意隐蔽，不要暴露力量，准备迎接歼灭岭口圩出援之敌的大战斗。

一个多小时后，岭口圩敌人派出一个加强营，企图歼灭我们暴露了的八连。敌人搜索分队在160.2高地观察，看无动静，又前进至菜地村附近的147.0高地，居高临下向公路南的丘陵树林地带进行火力侦察，仍不见反应，又沿公路边扫射边急速前进，后面的加强营也急速追来。

不久，敌人全部进入了口袋。最东面的一团一连率先开了火，敌人立即向一连扑去。这时，我们埋伏的部队一齐打响，敌人顿时慌了手脚，连忙抢占菜地村南的147.0高地。埋伏在147.0高地反斜面的三团三营，立即组织两个连从敌人背后发起冲击，但由于敌人居高临下，火力猛烈，数次冲击均未奏效。指挥部当即把作为预备队的三团一营的一、二两个连调上去，他们从右翼迂回到敌人侧后，向高地猛扑。敌人顾了正面顾不了侧面，很快便放弃高地，向公路北溃逃而去。张世英总队长、文度副政委和我迅速赶到167.8高地，指挥部队追击逃敌。

敌人加强营的先头部队突遭一团正面打击后，向后退缩，占领公路沿线高地负隅顽抗，却又陷入二团的阵地。二团发起猛烈进攻，打得敌人慌作一团，步步后退。二团三营在进攻中遭敌火力

拦阻，团长许会盛立即到三营组织抢占101.7高地。他命令九连为主攻。在七连、八连的火力支援下，教导员陈敬行带领九连从几个方向一齐冲上高地，很快地把敌人打了下去。此时，二营也抢占了东边高地。

敌人狼狈地向公路北面逃窜。埋伏在公路北面土地坡村附近的三团三连看到敌人逃来，猛烈阻击，但未能把袋口拉紧，少数敌人突出了口袋。

敌加强营除少数逃跑外，其余均被歼灭。

战斗结束后，指挥部召开会议，研究再摆战场，歼灭出来收尸、抢救伤兵之敌的问题。张世英总队长调整了部署，把三团三连收回来隐蔽待命；命二团立即撤出主战场，让出更大的场地诱敌深入。

南国的冬日依然热气灼人。部队等到下午2时许，敌人还没有来。有的人等得不耐烦，便在埋伏阵地里走动起来。突然，一阵枪声打破了沉寂，二团几个战场纪律松弛的战士受了伤。

原来，敌人从翰林圩调来了一个营，他们突然出现在高地上，以火力压制二团一营和团指挥所，情况很危急。团长许会盛、政委周成光忙命令一营营长陈蕃南以二连、三连攻击高地正面，以一连从左翼迂回抢夺高地。不料，发起进攻不久，许团长便不幸中弹牺牲。

许团长的牺牲激起了全团指战员的极大愤怒，他们怒吼着向敌人冲杀过去，一下子把敌人赶下高地。一营副教导员冯邦炯一马当先，带领部队冲上公路追击逃敌，不幸被敌人打中牺牲。战士们更加怒不可遏，一个个如同猛狮扑向敌人，一排排子弹向敌群扫去，打得敌人尸横遍野、鬼哭狼嚎。敌人在我们各方向埋伏部队的打击下，纷纷败逃。敌人收尸不成，反而又留下许多新尸。

一天连战连捷，敌七六五团受到惨重打击，“王牌团”元气大伤，被迫转入防御。国民党三十二军军部再不敢轻率派兵驰援岭口圩。我们留下一个小分队就地坚持活动，主力则转移到石壁地区去寻机打击敌人。

12月中旬的一天，总队指挥部接到情报：岭口圩之敌正强拉民夫，准备撤回嘉积镇。我们当即决定：抓住战机，伏击敌人。大家认为，敌人向东经大堀头、新市去嘉积的可能性较大，因为这条路最近，我们可以在岭口圩至嘉积的公路段选择地点埋伏。

20日凌晨，部队进入预定阵地，并在深山密林里开辟了出击道路。

约9时，敌人在距离岭口圩两里地的160.2高地出现了。一个连向公路南搜索，到菜地村附近占领了147.0高地；留下一个排后，又向170.0高地搜索前进。他们边前进边打枪，进行火力侦察。同时，驻岭口圩附近160.2高地与163.5高地的敌人向公路沿线两侧纵深地带实施炮击。我方有几名战士被炮弹击中牺牲，但整个部队仍一动也不动地隐蔽埋伏着。敌人见没有动静，占领170.0高地下面的第二个高地后，又留下了一个排，其余仍继续搜索前进。敌人搜索到147.0高地仍然未发现情况，便向大部队发出了信号。

敌人的大部队终于出动了，但仍然十分谨慎。敌人的一个营进入我们伏击圈后，又派尖兵连搜索，并猛烈地向路旁的密林、草丛扫射，当敌尖兵连搜索至一团埋伏的伯上岭准备占领高地时，一团突然打响了，吓得敌搜索连回头就跑。几乎在同时，二团、三团也开了火，战斗在公路南全线展开了。

战斗一打响，埋伏在170.0高地反斜面的三团一营就冲上了高地，敌人搜索班死伤多名，四处逃窜，一营一连占领了170.0高地后又冲上第二高地。紧接着，我们向敌人搜索排据守的147.0高地冲击。这时，敌人前进指挥所正好到达这里，我们将预先埋好的地雷拉响，炸死敌副团长等十多人。一营趁敌人混乱之机冲上了147.0高地，又乘胜追歼逃跑之敌，像一把尖刀插到公路上，一下子切断了陷入包围圈内的敌人返回岭口圩的退路。敌后续部队听到枪声，慌忙占领160.2高地。

在东南面，一团发起猛烈冲击，夺下了伯上岭，并派出一个连插到大堀头据点前，切断被围之敌与据点的联系；二团则向公路发展，其三营占领了公路边的101.7高地和77.0高地，把陷入伏击圈之敌分割成了三段。

敌人被分割后，开始动摇。被截在一团、二团之间的两个连企图反冲击夺回伯上岭高地，守在岭上的一团居高临下，打退了敌人的冲击。我们又以两个营夹击敌人这两个连，敌人怕遭全歼，忙向大堀头据点逃去。一团的两个连从东侧越过公路，截住敌人退路，敌人只好又转头向北溃逃。

分割在二团、三团之间的敌人约有两三个连，被守在101.7高地上的二团三营的重机枪打得“哇哇”乱叫。这时，三团一营和二团三营从两边发起冲锋，敌人没命地向公路北的大田洋方向逃窜。

在敌人全线溃逃之时，岭口圩外高地上的敌炮兵对我们进行拦阻射击。三团三连连长张加宝带领全连靠近敌人炮兵阵地，他亲自爬上树用机枪向敌人猛烈射击。敌炮兵慌忙隐蔽，大炮顿时哑了。

部队越过公路，继续追击逃敌。由于敌人炮兵射击拦阻耽误了时间，敌人越过大田洋边的一条河溪，从大田洋逃脱了。

战斗打了一个多小时，共歼敌一个营，毙敌副团长、副营长各一名，缴获轻机枪八挺、冲锋枪五支、六〇炮一门、步枪一百多支。

指战员们扛着战利品，押着俘虏，唱着歌，撤离了战场。我们走出好远之后，敌人打来了几发炮弹，可是那爆炸声显得有气无力。战士们风趣地说：“‘王牌团’的大炮都不响了，该改名‘王八团’啰！”

（本文选自解放军出版社《琼岛怒潮》）

千金散尽献革命

文/马　珂

她是黄金女

3月5日，临高新盈镇头咀村头咀渡口。

一网撒下，人欢鱼跳，夕阳余晖下，清凌凌的海水映着渔民乐呵呵的笑脸，构成了一幅绝妙的渔舟唱晚图。在这个美丽富饶的渔家村，流传着一个女人的故事。她曾是船东的女儿衣食无忧，她为革命散尽千金；她先后五次冒死护送琼崖革命领导人渡海执行任务；她离世后没给子女留下一分财产，除了永照后人的革命精神……

她就是黄金女。

船东女：革命种子撒心田

1903年，临高县新盈镇头咀村内，拥有一艘大渔船的黄精良喜盈盈地得了个女儿，并给她起名黄金女。作为船东的女儿，黄金女从小到大衣食无忧，生活富裕。黄金女长大后嫁给了当地的一名教师——陈九有。

改变发生在1938年。这一年冬季，黄精良照例出海捕鱼，却被日军巡逻艇发现。当巡逻艇逼近渔船时，日军将汽油泼倒在黄精良的渔船上，并点火烧船。一把火烧掉了黄金女的家产，也烧掉了她平静的生活。

为了谋生，黄精良不得不给渔霸主当船工，而黄金女则与母亲上街卖鱼，一家人受尽欺辱。革命的种子也播种在黄金女的心田。

“咚咚咚……”1940年3月的一天晚上，一位特殊的客人敲响了黄金女的家门。

“跟我们一起抗日吧！”侄子王景星此行是为动员姑姑黄金女和姑父参加琼崖抗日独立总队，而此时的王景星已

1950 年，解放海南岛渡海战役

是琼崖抗日独立总队四支队第三大队的成员。

“马白山所领导的琼崖抗日独立总队在美合岭一带活动，这是我们自己的军队，我介绍你们去参加这支部队，为琼崖抗日和妇女解放做些工作！”这一夜，王景星的到来，照亮了黄金女的革命路。

肩挑箩筐运送枪支弹药

1940 年 4 月初，黄金女与丈夫陈九有日夜兼程，奔赴美合岭，寻找抗日部队，踏上革命征程。

同年 12 月，“美合事变”发生。琼崖国民党破坏国共两党合作，公然派大批军队向我革命根据地进犯。为发展革命实力，临高党组织在社蛮村设立了联络交通站，黄金女当上交通员，负责深入社蛮附近村庄以及新盈沿海一带宣传发动群众，筹集钱粮和枪支弹药，送往部队，支援前方。

为完成任务，黄金女利用自己是渔家妇女的身份，冒生命危险，潜回敌占区新盈港活动。凭着自己是本地人的关系，她不厌其烦地挨个登门，做船主的思想工作，让头咀、新盈、安全等渔村的船主捐款，支持抗日。后又以经商防盗、炸鱼为名，四处走动，购买枪支弹药。

运送军用物品的过程惊险万分。为了过敌人岗哨，黄金女将枪支弹药藏在箩筐里，上面严严实实地盖着一层杂货或干粪。有时还将手枪和子弹挂在小腹和大腿等部位。

有一次，黄金女护送军用物品途经东场一带，碰到了国民党哨兵盘查。她特意将臭气熏天的干粪扔到哨兵跟前，并戏弄说：“老总，这些都是干粪饼，你就搜查吧。等我把这些干粪饼卖了再请你抽烟。”哨兵见是熟人，又确实觉得臭气难闻，便轰走了黄金女。

黄金女勇敢机智，运送军用物资从未出过差错。在一次运送武器的途中，因为挑担过重，加上跋山涉水，劳累过度，怀有两个月身孕的黄金女不幸流产。

此后，黄金女的身子越来越弱，同志们看在眼里，疼在心中，都好心劝她养好了身子再干革命。可黄金女却坚定地回答：“革命是干出来的，不是等出来！”黄金女又继续奔走在交通线上。

五次机智偷渡送“亲人”

琼崖解放前夕，国民党在琼崖沿海布防几万重兵，严密地封锁了整个琼州海峡。这种情况下，琼崖党政军领导要渡海执行任务，相当困难。黄金女最终成为护送领导渡海的唯一人选。

1950年2月8日，琼府财粮科科长符英华等三十多人要渡海执行任务。由于风声紧，黄金女雇不到船员，便说服自己的姐夫和弟弟亲自出征。

当晚，船静悄悄地驶出新盈港海面，突变的天气惹来了祸端。天空乌云密布，风力忽强忽弱，海浪肆虐翻腾，木帆船被激浪冲进了敌人布设的“伯陵防线”，情况危急！

正在这时，不远处开来了一艘敌人的巡逻艇，直逼木帆船。船上战士，子弹上膛，随时准备一场殊死之战。千钧一发之际，黄金女急中生智，立即将藏在船里的国民党青天白日旗挂起来。敌人见旗子飘动，误以为是自己人，没有盘查，扭头便走。船上的同志们长舒一口气，放下了浸满汗珠的手榴弹和手枪。

这是黄金女第五次，也是最惊险的一次护送过程。其实，从接受任务的那天起，黄金女就将生死置之度外。在她眼里，琼崖党政军是琼崖人民最值得信赖的亲人。

敌人封锁船只，不让渔民出海，黄金女便冒险登门去做船主的思想工作。家里破产后的几年，由于父母善于经商，黄金女家好不容易积累了些家底，她却一口气拿出一千七百块光银，作为工作经费。为避开敌人耳目，黄金女想办法将过海的大船驶离新盈港，到深水处抛锚等候，然后又摇着小船到采桥村去接过海人员，送到大船上。黄金女出色地完成了任务，冲破敌人的海上封锁线，亲自护送马白山、王国兴等琼崖党政军领导干部和战士、民兵渡海，为协助渡海大军解放海南岛做出了不可磨灭的贡献。

（本文选自《海南日报》，有删节）

八路军教我舞大刀

文／安云祥

1947年，我第一次见到八路军，那年我才十岁。那时我家住在吉林省农安县哈拉海村南城邹屯。

记得是在青草刚刚发芽的一天，邻居刘大爷跑到离屯很远的树林里，将误信国民党军的恐吓宣传、跑到树林里躲避八路军的屯里人叫回屯。当时，我看见八路军有的在给老百姓家挑水，有的在扫院子，还有的在训练……我们一帮小孩子就站在一边看。

一位八路军叔叔走过来，笑呵呵地问我们几岁了，上学没有，怕不怕八路军。开始，我们谁也不敢回答，他就逗我们玩儿，并说："八路军是穷人的军队，不要怕。"我们就和他说笑起来，后来我们时常跟他玩儿。

有一天，那位八路军叔叔说："我教你们练刀吧，长大参军，上战场杀敌人，怎么样？"我们一听都高兴极了。他拿出一把大刀，长一米多，宽约十二厘米，像铡草的大铡刀，但刀背没铡刀那么厚，闪闪发光，一看就让人顿生怯意。

我们没有刀，他就让我们每人拿一根粗柳条当刀用，按照他教的动作学。在他的严格训练下，我们进步很快，短短几天就学会了快速出刀、挥刀、后转身举刀、收刀等动作。

不久，因战事需要，他就到前线去了。临行的前一天，他还给我们表演了大刀功。只见他一跃而起，大刀随声挥舞起来，刀光将他的身体紧紧包裹，看得我们目瞪口呆。十几分钟的表演，他气不长出，面不改色。看后，我们这群孩子立刻欢腾雀跃，也纷纷拿出粗柳条操练起来。

八路军叔叔走了，我们这群孩子都哭了，那位八路军叔叔也哭了。

（本文选自黑龙江新闻网）

一条被单救两雄

口述／王素珍　整理／张兆有　张文康

苏州吴中区的西太湖边有个通安镇，镇南四公里处有个沿太湖的自然村横泾村，村头有个名叫冷湾里的农宅群，农宅群里有个年仅二十四岁的普普通通、土生土长的农家妇女——王素珍。

1946年夏的一天中午，阳光烈得就像烧滚了的开水一样，从头顶上泼下，就是坐在屋檐下，也挡不住汗水像雨一样淌下来。这时，太湖县苏西武工队金墅武工组组长秦大刚和队员王祥元执行任务后，来到了冷湾里。

冷湾里的王素珍家，是武工队经常秘密宿营的地方。不仅是因为王素珍与秦大刚是从小双方爹娘认下的干兄妹的关系，更主要的是因为王素珍是个支持革命的积极分子，有着一颗炽烈的爱国心。秦大刚与王祥元来到冷湾里的这个红色堡垒后，实在挡不住毒辣的太阳光，就脱掉衣服、放好手枪，跳下河中洗起澡来。王素珍就在不远的场地上，一面慢条斯理地晾晒刚洗好的被单和衣服，一面为他俩放哨。

突然，西面响起一阵狗吠声。王素珍转身一看，只见一伙保安队员，正扛枪竖棒地从金墅镇方向朝冷湾里走来。当即，她浑身一个激灵，立即跑到河边，向秦大刚和王祥元报告了敌情。

当时，秦大刚和王祥元正赤身在河中，抬头向远处望去，只见敌人越来越近，快要转弯了。眼看上岸隐蔽已来不及，他俩急忙游到河沿，准备拿起手枪，迎战敌人。但是，由于时间太紧迫，衣服是绝对来不及穿了。这样的短兵相接，实在是太仓促，加之敌众我寡，要想取

新四军太湖游击队纪念馆

胜不可能。

面对突如其来的险情，王素珍急中生智，一声喊："慢，你们别动！"紧接着，她飞快地跑到场上，扯下竹竿上刚晾晒上去的被单和衣服，顺手拿起一只洗衣桶，紧接着又脚不点地地跑回到河边，然后一边迅速地将两名武工队员的枪支和衣服放入洗衣桶里，上面盖上自己的花布衫，一边再用力扯开湿漉漉的被单，随着一声"快蹲下"的低喝，奋力向站在河中的秦大刚与王祥元头顶上甩去。与此同时，秦大刚与王祥元迅速往水中一蹲，予以密切配合。

顿时，奇迹出现了！但见这方宽大的床单撒出去后，像降落伞似的徐徐落下，床单四周紧贴着水面，中间则鼓起了一个大气泡，而大气泡下，刚好能容下探出水面的两个武工队员的脑袋。

"躲到里面不要动！"王素珍一边小声而又自信地嘱咐着两名武工队员，一边镇定自若地拉住被单的一角，蹲下身子搓洗起来。

这时，保安队员们渐渐走近了，他们东张张、西望望，看到冷水湾河静悄悄的，河边只有一个农家妇女在专心致志地搓洗被单，就懒洋洋地继续朝东走去。

事后得知，这伙保安队员是到通安镇上去集训的。他们怎么也不会想到，就在自己的眼皮底下，藏着两名心情紧张的武工队员。

王素珍用一条被单救了两名武工队员的传奇，在当地传为佳话，一直流传至今。有诗为证：

机智农妇王素珍，
临危不惧见真情。
一条被单救双雄，
巧计全凭赤诚心。

（本文选自铁军传媒网）